신규교사 생존기

신규교사 생존기

임상규 지음

한그루

신규교사 경력 3년,
초등학교 선생님으로서
치열했던 삶과 고민들.

2019년이 되었다. 그리고 나의 교직 경력도 3년이 조금 넘었다. 중간에 군대도 다녀왔고 올해 여름엔 벌써 1급 정교사 연수도 받는다. 이제 어느 정도 신규교사 티를 벗어가고 있는 중이다.

2015년을 잊지 못한다. 2015년은 내가 처음으로 담임선생님이 된 해였다. 물론 그 이전 해에도 체육 전담 교사로서 교직에 있었지만, 담임선생님은 나에게 또 다른 의미였다. 5학년 담임선생님으로 스물여섯 명 아이들과의 이야기는 아직도, 그리고 아마 앞으로도 절대 잊지 못할 기억이다. 그리고 그 이야기는 기특하게도 〈오마이뉴스〉에 '신규교사 생존기'라는 부끄러운 제목으로 일주일에 한 편 정도씩 부지런히 기록한 덕분에 아직까지도 생생하게 남아있다.

담임선생님이 처음이면서도 '신규교사 생존기'를 연재했던 주제넘은 까닭은 하나였다. 얼마 전까지만 해도 고작 실습 몇 번 나갔던 학생이었는데, 일순간 교실을 운영하고 학생들을 가르쳐야 하는 부담 속에서, 아직은 이해하기 어려운 학교 업무들에 당황하고 있을 나 다음의 신규교사들에게 조금이나마 도움을 주고 싶었기 때문이다. 김연화 선생님의 《초등교사 이야기》말고는 공감할 수 있을 만한 책이 없었던 것도 한몫했다.

이렇게 이유야 거창했지만, 결국 내가 써 내려간 첫 번째 '신규교사 생존기'는 신규교사들에게 힐링이 될 만한 이야기를 충분히 담지 못했던 것 같다. 그저 신규교사가 느낀 일주일간의 소회를 정리한 개인적인 일기 정도라는 생각도 들었다. 다시 읽어보면 많이 아쉽고 후회스럽고 걱정스러운 글들이 많은 것이 사실이다.

2019년은 내가 감히 신규교사의 생존기를 말할 수 있는 마지막 해라는 생각이 들었다. 그래서 나는 4년 전의 '신규교사 생존기'를 다시 써보기로 했다. 다시 쓰는 신규교사 생존기에는 3년이라는 신규교사 경력 동안 만난 선생님으로서의 치열했던 삶과 수많은 고민들을 나열해보려고 한다. 새로운 '신규교사 생존기'에는 2015학년도 5학년, 2017학년도 2학년, 2018학년도 6학년, 2019학년도 6학년의 이야기가 담겼다. 그리고 아이들 개인정보와 이야기는 글의 전개에 알맞게 조금씩 각색되었음을 미리 밝힌다. 순서도 시간순이 아니라 어울리는 꼭지별로 묶었다.

부디 이번의 '신규교사 생존기'는 교사를 꿈꾸는 이들에게는 동기가 되고 신규교사들에게는 위로와 공감의 글이 되며 선배교사들에게는 추억과 회포의 글이 되기를 바란다. 또, 욕심을 더해 교사 밖의 독자들에게도 분투하는 교사들의 치열한 삶을 거칠게나마 전달해주는 글이 되었으면 좋겠다.

/
어려운 학교 업무들에 당황하고 있을
나 다음의 신규교사들에게 조금이나마
도움을 주고 싶었다.
/

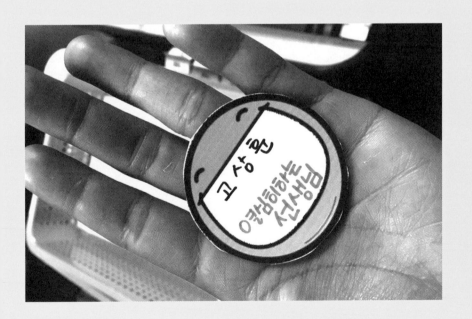

2부   新규교사니까요!

4부   참 잘했어요, 선생님

신규교사 경력 3년,
초등학교 선생님으로서
치열했던 삶과 고민들

1부 — 신…신규교사 고상훈입니다!

담임선생님
데뷔 D-1

학년 및 업무 분장 발표가 있던 날, 나는 드디어 담임선생님이 되었다. 작년에도 학교에 재직하고는 있었지만 체육 전담 선생님으로 1년간 학교 일을 하게 된 탓에 대학 내내 꿈꾸던 담임선생님 명찰은 이번이 처음이었다. 마냥 좋았다, 그때까지는. 내 꿈을 이룬 것이니까 말이다. 얼마 지나지 않아 멘붕(?)으로 바뀌었지만.

첫 동학년 회의 시간. 기다란 학년 협의실 테이블 끝에 내가 앉았다. 원래 신규교사 자리는 없어도 티가 나지 않을 것만 같은 구석진 자리가 적합하다. 간단한 자기소개를 마치니 부장 선생님들의 주도로 개학 전 미리 협의해야 하는 것들과 전달해야 하는 사항들에 대한 이야기가 오갔다. 어, 그런데 아무것도 알아들을 수가 없다.

"일단 학공(학부모공개수업)이랑 동장(동료장학) 날짜 정해야 될 것 같아요. 과목이랑 구체적인 시간은 나중에 수합하기로 하고요. 임장(임상장학)은 저경력 선생님들 위주로 진행될 거예요, 참고하세요."

"참, 장감님(교장+교감)들께서 올해 위임전결규정 바뀌었으니까 확인 부탁한다고 하셨고 특히 초과(초과근무) 올릴 때는 감님(교감)까지만 올리면 된다고 하셨습니다."

"그리고 혹시 청단(청소년단체) 희망하시는 선생님 있으신가요? 나중에라도 말씀해주세요."

체육 전담 선생님이긴 했지만, 엄연한 이 학교에서 1년간 근무했던 나인데 아무것도 알아들을 수가 없다. 뭐가 마구 결정되고 있는 모양이긴 한데 대체 하나도 잡아낼 수가 없었다. 그렇게 첫 회의가 끝이 났다. 표정에서부터 완전히 평정심을 잃어버린 신규교사에게 친절한 한 선배 선생님이 빙긋 말을 걸어주신다.

"무슨 말인지 잘 모르겠지? 이따가 다 물어봐."

"감사합니다. 그런데 선생님, 제가 뭘 모르고 있는지도 모르겠어요."

정확한 나의 심정이었다. 난 내가 뭘 모르고 있는지조차 모르고 있었다. 당연히, 다 물어보라는 선배 선생님께 무얼 물어봐야 하는지도 몰랐다. 그렇다고 '제가 뭘 모르고 있는 걸까요?'라고 되물을 수도 없는 노릇이니까. 다들 바쁜 개학 준비시기에 시시콜콜 선배 선생님들에게 물어보는 것도 염치가 없었다. 자연히 내가 처리하는 일도 뒤죽박죽이었다. 이걸 하다가도 저게 생각나서 뛰어가고 저걸 하다가도 메신저가 '띠링' 울리면 내용을 해석하느라 한참 시간을 보내고. 그러기를 계속 반복했다. 해야 할 일들은 쏟아지는데, 정작 하는 일은 없는 기분이었다.

부 **부장님**

선생님~ 나중에 학급별 시간표 보내주세요!

띠링, 학년 부장 선생님의 쪽지가 왔다. 이번엔 시간표다. 맞아, 시간표도 담임선생님인 내가 짜야겠지! 열심히 한 주의 과목별 시수를 보면서 시간표를 짰다. 1교시는 아이들이 졸려 하니까 사회는 되도록 피하고 영어, 체육은 전담 선생님께서 3시간씩 해주시니까 월, 수, 금 내 숨통이 트일 수 있도록 고르게 배치해야겠다. 그때 띠링, 다시 부장 선생님의 쪽지다.

부 **부장님**

선생님들~ 방금 전달받은 영어, 체육 전담 시간표 보내드려요~
시간표 짜실 때 참고하세요!

아? 맞다. 다른 반도 영어, 체육 전담 선생님이 들어갈 텐데, 마냥 내 마음대로 우리 반 시간표를 짜면 안 되겠구나. 지금까지 짜두었던 우리 반 시간표를 모조리 지웠다. 다시 시작이다. 이것이 끝이 아니다. 하나부터 열까지 비효율적이고 비체계적인 작업들이 계속된다.

한편, 교육에 대한 혹은 교실에 대한 생각들도 뒤죽박죽이었다. 나름 선생님의 꿈을 꾸며 개인적으로 해보고 싶은 것도 많았고 내가 학생일 때 받았던 교육을 떠올리며 나의 제자들과 해보고 싶은 것도 많았다. 선생님들이 전해주시는 수많은 노하우들과 각종 학급 경영 자료, 책 등에서 얻을 수 있는 이야기도 많았다. 문제는 이 말을 들으면 고개를 끄덕이고 저 말을 들어도 고개를 끄덕이며 책, 인터넷을 보면서도 고개를 끄덕이는 팔랑귀가 되어버렸다는 것이었다.

"저는 학급 환경을 아이들이랑 함께 만들어요. 칠판에 붙이는 시간표나 날짜, 요일 같은 것도요. 교실은 아이들이 만드는 것이니까요."

"교실에 게시되는 것들은 가시성이 좋아야죠. 아이들이 멀리서도 확인할 수 있게 정확한 글씨로 바르게 인쇄된 것이 가장 좋아요. 정보 전달이 제일 중요한 것이니까요."

"아이들에게 앞문은 되도록 사용하지 못하도록 해요. 교탁에서 아이들 개인정보를 다루는 경우가 많기도 하고 상담을 해야 하는 경우도 많기 때문이에요."

"앞뒤 문 사용을 아이들에게 제한할 필요는 없다고 생각해요. 다 같이 쓰는 교실이니까요."

교사로서 교사가 가진 교육철학이 얼마나 중요한 것인지는 대학교에서부터 귀에 딱지가 앉도록 들었고 나도 선생님으로서의 중심을 찾고 싶었다. 하지만 난생 처음으로 30명 남짓 아이들의 1년을 책임질 신규교사에게 무언가를 스스로 결정하고 판단하는 것은 정말 신중하면서도 어려운 일이었다. 나의 결정과 판단이 아이들에게 직접적으로 영향을 미칠 거라는 사실에 부담을 느끼기 때문이었다. 어쩌면 그래서 필연적으로 신규교사들은 자꾸 조언을 구하고 자료를 찾으며 자발적인 팔랑귀가 되는지도 모른다.

그러나 시간은 그런 팔랑귀 신규교사를 비웃기라도 하듯 결코 기다려주질 않는다. 야속하게도 담임선생님으로 데뷔하는 개학날의 D-1이다. 난 공식적으론 휴일인 오늘도 오전부터 학교에서 뭔가를 하고 있었다. 혹은 뭐라도 해야 할 것 같아서 일단 학교에 온 거다. 그러다가도 문득 비어있는 책상을 보면 불안과 긴장이 엄습한다. 내일이면 내 눈 앞에 보이는 교실에 아이들이 가득 차겠다는 생각에 그나마 되던 일도 손에 잡히지를 않았다. 아직도 대답하지 못한 쪽지가 산더미고 결정하지 못한 교실 일들이 한 두 개가 아니다. 등골이 오싹할 지경이다.

잠을 한껏 설치고 어느새 개학날. 학교에는 7시 40분, 무지 빨리 도착했다. 교실에 들어가지는 못하고 협의실에 앉아 애꿎은 다리만 떨며 시계만 바라보고 있었다. 잠자코 시계가 정확히 8시 30분을 가리키는 순간. 2월 내내 수없이 드나들었던 우리 교실로 향했다. 아이들은 모르겠지만, 이미 수십 번 열고 닫았던 교실 앞문을 아주, 아주 자연스럽게(적어도 내 생각엔 그랬다.) 열고 선생님 의자에 앉았다. 차마 눈은 마주치질 못했다. 미리 아이들이 앉아 있을 위치를 칠판에 적어준 덕분에 다들 조용히 의자에 앉아 있었다. 조금은 섬뜩할 정도로 조용했다. 그때, 그 침묵을 깨는 한마디가 나를 향했다.

"선생님, 선생님이 진짜 우리 반 담임선생님이에요?"

"어어…? 그럼!"

아이의 다소 사나운 말투에 괜히 얼마 남지 않은 기도 죽었다. 내가 싫은가? 아니 어떻게 첫인상만 보고 내가 싫다는 거지? 순간, 수많은 생각이 오갔다. 하지만 이내 환호가 터졌다. 우리 반 선생님이 남자라서 공부를 안 시킬 것 같다는 둥, 체육을 많이 할 것 같아서 좋다는 둥, 자유 시간이 많을 것 같다는 둥 말도 안 되는 이유들 투성이지만, 아무튼 다들 기뻐 보였다.

일단 다행이다. 이유야 어찌 되었든 첫인상은 그리 나쁘지 않은 것 같아서. 2월 내내 거울을 보며 연습했던 방실방실 미소를 장착하고선 아이들에게 설레는 첫인사를 건넸다.

"만나서 반가워요, 여러분. 선생님 이름을 아는 친구도 있고, 모르는 친구들도 있을 텐데 저는 오늘부터 여러분의 선생님이 된 고! 상! 훈! 선생님입니다."

만나서 반가워요.
오늘부터 여러분의 선생님이 된
고! 상! 훈! 선생님입니다.

핸드폰을
안 냈다고?

3월의 첫 주는 정말 폭풍 같은 나날이었다. 우리 반 아이들의 아동기초조사표부터 학급일람표, 방과후 학교 신청서 등 학년 초에 수합해야만 하는 기초 자료들이 정말 많았다. 오늘도 어김없이 폭풍같이 휘몰아친 하루를 보내고 아이들이 집에 가기 전, 알림장을 화면에 띄워주고 의자에 털썩 주저앉았다. 그때 내 귀를 파고드는 고자질.

"선생님, 얘 핸드폰 안 냈어요."

이게 무슨 뚱딴지같은 소리인가. 분명히 아침에 핸드폰은 등교하면서 핸드폰 상자에 두고 보관해야 하는데 말이다. 내가 핸드폰 상자라고 코팅까지 해서 붙여두었고 아침에 칠판에도 핸드폰 보관하라고 적어두었는데 말이다. 설마 해서 아이의 책상을 들여다보니 진짜 책상 위에 핸드폰이 떡하니 놓여 있다. 시준이에게 왜 핸드폰을 내지 않았는지 그 이유는 물어봐야겠다. 종례 후 시준이를 따로 만났다.

"시준아, 아침에 핸드폰 왜 안 냈어?"

"핸드폰 내지 않아도 되는 줄 알았어요."

"그게 무슨 말이야?"

나 참, 이게 변명인가? 지난 일주일 동안 핸드폰 상자에 고이 핸드폰을 모셔두던 친구들은 뭐가 되는가? 나는 간신히 몇 가닥 남지 않은 정신을 잡고, 왜 그렇게 생각했는지를 묻는다.

"첫날에… 핸드폰을 걷지 않길래… 내지 않아도 되는 줄만 알았어요."

"아니, 그럼 지난 일주일 동안 핸드폰 내던 친구들은 뭐라고 생각했어?"

"그냥… 잃어버릴까 봐 핸드폰 내는 건 줄 알았어요."

아, 돌이켜보니 개학식, 내 소개하기, 교과서 나눠주기, 청소하기, 가정통신문 무더기 나눠주기 등등으로 정신이 1개도 없었던 그 첫날, 난 아침에 아이들 핸드폰 걷는 것을 깜빡했었다. 우유 급식도 홀딱 잊어버리다가 영양 선생님의 우유 좀 가져가라는 친절한 쪽지에 점심시간이 다 되어서야 우유를 가져와 마실 정도로 정신없는 날이었으니 그럴 만도 하다.

핸드폰을 걷어가지 않았던 첫날을 기억하고 있던 아이는 '아! 역시 고학년이 되니 핸드폰도 안 내도 되는구나.' 싶었던 모양이다. 나는 나의 잘못을 인정하고 다음 주부터는 꼬박꼬박 핸드폰을 제출하기로 아이와 손가락을 걸었다. 그렇게 사건은 마무리가 되었다. 이 아이는 그 후로 핸드폰뿐만 아니라 지갑, 샤프(우리 반에서는 환경부 정책상 사용 금지한다.)까지도 죄다 나에게 맡기고 있다. 약속을 이렇게나 잘 지킬 줄이야.

저학년
선생님 모드

군대를 갓 전역한 까까머리의 사내가 2학년 교실에 등장했다. 군대를 가기 전에 짧은 2년의 교직 경력 동안 5학년만 두 번을 해본 터라 2학년, 참 낯설다. 아직도 고학년 선생님 모드가 장착되어 있는 나였다. 하지만 고작 2학년 아이들에게 고학년 선생님은 필요가 없다. 저학년 선생님 모드로 하루빨리 변경을 해야만 한다. 아, 근데 저학년 선생님 되기 참 어렵네!

| 모드 1번 | 자상하게 인사할 것

"안녕! 얘들아, 선생님은 고상훈 선생님이라고 해. 남은 두 달

동안 같이 지낼 거야!"

대답들이 없다. 얼어버린 게 분명하다. 자상하게 말한다고 했는데, 전혀 자상함이 전달되지 않은 모양이다. 매일같이 선생님에게 달라붙어 있고 떨어지는 낙엽에도 까르르까르르 한바탕 웃어대고 선생님 말에 리액션 하나는 최고라는 2학년에게서 무응답을 얻어낸 나도 하여간 대단하다. 하긴 까까머리하고 나타난 남자 선생님에 대한 경계심을 쉽게 늦출 수는 없겠지.

"어, 선생님 무서운 사람은 아니에요… 하하하!"

집에 가서 표정 연습, 말투 연습부터 다시 해야겠다. 고학년 아이들과 인사할 땐 친구처럼 장난도 치면서 짓궂게 했었는데 저학년에게 그래서는 아무래도 안 되겠다.

| 모드 2번 | 가정통신문은 직접 나누어주고 확인할 것

추석 연휴가 지나서 학교에 오니 쌓여있는 가정통신문이 한두 개가 아니다. 무려 9장! 빠르게 나누어주고 아이들 하교를 시켜야겠다.

"맨 앞줄에 앉아 있는 친구들이 나와서 가정통신문 받아가고 뒤로 넘겨주세요!"

"네!"

2학년 친구들, 대답 하나는 끝내준다. 우렁찬 목소리에서 확신을 강하게 느낄 수 있다. 후다닥 분단 별로 9장을 나누어주었다. 가정통신문 넘기는 소리가 잦아들 때쯤, 가정통신문을 잘 받았는지 확인차 아이들에게 물었다.

"자, 오늘 나누어 준 가정통신문이 총 9장이에요. 9장 다 받았나요?"

"아니요!"

"음… 그럼 몇 장 받았어요?"

"세 장이요!", "열두 장이요!", "열 장이요!"

응? 무슨 일이지? 못 받은 아이는 그렇다 치고, 오히려 9장보다 더 받은 아이가 속출했다. 가정통신문을 뒤로 넘기는 것도 2학년 아이들에게는 버거운 일이었나 보다. 고학년에서는 상상도 할 수 없는 일인데 말이다. 결국 가정통신문 9장을 하나씩 대조해서 확인하고서야 끝낼 수 있었다. 하교 시간이 15분이나 지난 때였다.

| 모드 3번 | 정확하게 여러 번 말해줄 것

12월이 다가오던 때, 우리 반도 크리스마스 느낌 물씬 나게 교

실을 업데이트하기 위해 여러 가지 미술 활동을 준비했다. 아이들과 눈꽃 송이도 만들어보고 눈 내린 도시도 그려보는 활동이다. 간단하게 그림을 그리고 그대로 오리면 되는 아주(적어도 내 기준에서는) 간단한 활동이었다. 직접 준비한 프레젠테이션 자료로 아이들에게 오늘 미술 활동을 단박에 설명했다.

"어떻게 하는지, 잘 알겠죠?"

"네!"

대답 참 우렁찬 아이들이다. 나도 아이들이랑 함께 눈꽃 송이, 눈 내린 도시 만들기에 열중이었다. 후다닥 내 걸 다 만들고 아이들은 어떻게 하나 유심히 들여다보는데… 어… 아이들은 나도 모르는 새로운 미술 시간인가 보다. 자르지 말라는 부분까지 거침없이 잘라버린 아이, 분명 여백을 주고 도시를 그리라고 했는데 깔끔하게 무시한 아이, 왠지 모르겠지만 크리스마스 트리를 만든 아이까지. 와우, 이게 이렇게 어려운 활동이었다니! 고학년이었으면 5분이면 끝날 활동인데.

| 모드 4번 | 쉬는 시간, 눈을 떼지 않을 것

복도가 가득 차게 쩌렁쩌렁 우는 소리가 들린다. 제발 우리 반만은 아니길 빌었지만, 우리 교실에 가까울수록 우는 소리가 커져가는 게 분명 우리 반이 맞다.

"쟤가 (엉엉) 보드 (엉엉) 게임 (엉엉) 하는데 (엉엉) 규칙 (엉엉) 안 (엉엉) 지켜요. (엉엉)"

"쟤가 (엉엉) 먼저 (엉엉) 그랬 (엉엉) 어요. (엉엉)"

분명 고학년에서의 쉬는 시간은 아이들에게도 쉬는 시간이지만 나에게도 쉬는 시간이었다. 차를 끓여 마시거나 떨어진 당을 높이러 협의실에 가기도 하고 화장실에 다녀오기도 하고 말이다. 그런데 2학년은 달라도 뭔가 다르다. 알아서들 잘 놀겠거니 싶어 잠깐 교실을 비우면 열에 아홉은 사건이 터진다.

저학년은 분명 수업이 빨리 끝난다는 장점을 가지고 있는 학년이지만 이것 한 가지는 꼭 잊지 말아야 한다. 쉬는 시간 없이 4교시, 5교시를 해야 한다는 것.

채널 돌리듯이 선생님 모드도 간편하게 바꿀 수 있다면 얼마나 좋을까 싶지만, 정말 한 번에 모드를 변경한다는 게 쉬운 일은 아니다. 모든 학년이 낯선 나에겐 더더욱 그렇다.

한 번에 모드를 변경한다는 게
쉬운 일은 아니다.
나에겐 더더욱 그렇다.

화냈다가
웃었다가

"선생님~ 쟤네 자꾸 싸워요!"

오늘도 어김없이 들려오는 고자질. 3월은 고자질의 달이 확실하다. 오늘만 해도 벌써 수십 번째 접수된 고자질이다. 벌떡 일어나 고자질의 근원으로 가보니 남자아이 둘이서 서로 툭툭 건드리며 신경질적인 말들을 주고받고 있었다. 요 며칠 자주 말다툼을 하는 것 같더라니 오늘도 싸우는 모양이다.

"싸우지 마, 얘들아. 친구끼리는 사이좋게 지내야지!"

요 녀석들, 듣는 둥 마는 둥이다. 내가 그만하라고 주의를 주는데도 서로에게서 신경질적인 눈빛을 거둘 생각이 없다. 결국 두 아이, 그대로 복도행이다. 모든 싸움이 그렇듯 시작은 아주 작은 일에서 비롯한다. 모둠에서 쓰던 가위를 누가 원래 자리로 가져다 둘 것인지 서로 미루다가 한 아이가 신경질적인 말을 하고, 그 말을 들은 아이는 모둠 바구니로 가야 할 가위로 친구의 옆구리를 툭툭 찌르고. 공격을 받은 친구는 복수한답시고 자기 가위로 툭툭 찌르고.

"자기 기분 나쁘게 하면 친구 때려도 되는 거야?"

"아니요."

"교장 선생님이 기분 나쁘게 하면, 교장 선생님도 막 찌르겠다?"

그런데 고개를 푹 숙이고 있던 두 녀석이 갑자기 피식피식 웃음을 터뜨린다. 푸하하하. 적막했던 복도 분위기가 갑자기 웃음으로 가득하다. 아마 교장 선생님 옆구리를 가위로 찌르는 모습을 머릿속에서 상상한 모양이다.

"그래, 너희 생각에도 진짜 웃긴 일이지? 그러니까 말로 하자 말로."

"네!"

두 아이는 이내 고개를 끄덕이더니 서로 눈을 마주치며 웃음 짓고 사이좋게 가위를 같이 가져다 놓고선 언제 싸웠냐는 듯이 자리로 돌아갔다.

화내다가 웃다가 덩달아 내 정신도 오락가락하다. 울다 웃으면 어딘가에 털이 난다던데, 화내다가 웃으면 어디에 털이 나려나?

하루에도 수십 건씩 접수되는 고자질 대부분의 결말이 이러하다. 저학년들도 아니고 고학년이나 된 녀석들이 뭐 그리 매일 투닥투닥 싸워대는지. 그만 싸우고 우리 웃으면서 3월 빨리 보내버리자! 그런데 아직도 3월 셋째 주라고? 벌써 1년은 흐른 것 같은데… 왜 이렇게 3월은 느리게, 느리게 흐르는 거야?

급식 전쟁

급식소 화이트보드를 바라보았다.

가지튀김. 마음을 단단히 먹어야겠다. 오늘은 전쟁이다.

급식 전쟁.

"선생님, 이게 진짜 맛있어서 먹는 거예요?"

"이것만 남기면 안 돼요?"

"선생님, 저 배 아파서 더는 못 먹겠어요."

먹이려 하는 나와 어떻게든 먹지 않으려고 하는 아이들의 급식 전쟁은 매일같이 계속된다. 아직 몇 년 채우지 못한 급식 검사 경력의 신규교사이지만 그 짧은 기간 동안에도 아이들의 수많은 함정과 트릭을 마주했다.

은폐·엄폐형

양배추브로콜리무침이 나온 날이었다. 평소에도 편식을 해서 제일 늦게 급식 검사를 받던 아이인데, 오늘은 웬일인지 이른 시간에 나에게 급식판을 내밀었다. 깨끗하게 비워진 식판에 나는 '오케이' 사인을 주었다. 그런데 뭔가 찜찜하다. 다시 불러서 세워 식판을 봤더니 어쩐지 국그릇이 기울어져 있다.

"태희, 국그릇 들어봐."

"아, 네? 그게…."

"태희 국그릇 밑에 브로콜리 버렸어요!"

고자질 덕분에 국그릇을 들춰보지 않아도 그 밑에 무엇이 숨겨져 있는지 알 수 있었다. 국그릇 밑에 숨기는 것뿐만 아니다. 숟가락으로 교묘하게 감추는 경우도 있고 햄스터마냥 입안에 잔뜩 숨겼다가 검사가 끝나고 나면 퉤 뱉어버리는 경우도 있다.

꾀병형

매주 화요일은 4교시 체육이 끝나고 급식소로 향한다. 어느 화요일, 그날도 신나게 체육활동을 마치고 땀범벅이 된 우리 반은 급식소로 향했다. 경민이가 온갖 인상을 쓰며 나에게 다가왔다.

"선생님, 배가 아파서 도저히 못 먹겠어요. 죽 먹으면 안 돼요?"

"진짜? 그래그래. 배가 아프면 어쩔 수 없지. 죽 받아다 먹어!"

그날 경민이는 죽을 받아 먹었다. 신규교사인 나에게 꾀병과 진짜 병을 가릴 수 있는 능력은 없었기 때문이었다. 죽을 다 먹자마자 친구들과 운동장으로 뛰어나가는 경민이를 보며, 좀 이상하다는 생각만 했을 뿐이었다. 그런데, 다음 주도 그 다음 주도 항상 급식소에 도착하고 나면 경민이가 아프다며 죽을 먹겠다는 이야기를 들어야 했다. 아무리 신규교사라지만, 나도 눈치는 있다. 경민이가 죽을 먹겠다고 하는 날의 급식에는 항상 '생선'이 있었다.

"선생님~ 저 죽 먹으면 안 돼요?"

"생선 나와서 그래? 생선 많이 먹지 않아도 되니까 밥 받아봐."

"아, 진짜 아파서 그래요."

"한 번 받아봐. 받아보고 정 못 먹겠으면 내가 먹을게."

경민이는 그날따라 유난히 맛있는 양념이 곁들여졌던 생선을 싹 다 먹었다. 자기도 민망했는지 '아, 진짜 아픈데.'라고 구시렁대면서 말이다.

협상형

오이무침이 나온 날이었다. 희태는 편식하지 않고 잘 먹는 편이지만 유달리 오이를 싫어한다. 오이가 나오는 날이면, 급식을 다 해결하지 못한 채로 나에게 급식판을 들고 온다. 바로 협상을 위해서다.

"선생님, 저 김치 더 받아서 먹을 테니까 오이는 그만 먹으면 안 돼요?"

"그래, 그럼 오이 하나만이라도 먹어."

"아, 진짜 못 먹겠어요. 느낌이 너무 싫어요."

"하나만 먹어봐, 하나만."

나와 희태는 한동안 급식 줄다리기를 계속했다. 결국 오이 반쪽에 김치 두 조각으로 극적 타결이 되었다. 아직도 희태는 오이가 나오는 날이면 담판을 지으러 나에게 온다. 그 밖에도 협상형에는 인정에 호소하거나 애교를 부리는 경우도 포함되어 있다.

버티기형

12시부터 1시까지가 5, 6학년에 주어진 급식 시간. 규모가 꽤 큰 학교인데 급식실은 협소하다보니 1시부터는 3, 4학년이 이어 먹는다. 고학년이 된 아이들은 이 급식 시간 시스템에 대해서 누구보다 잘 알고 있다. 우리가 1시 넘어서까지 밥을 먹을 수 없다는 사실을 말이다.

우리 반에는 세 명의 버티기형 선수들이 있다. 젓가락으로 밥알을 세면서 먹듯이 깨작깨작 먹는다. 물론, 맛있는 음식이 나오면 금방 해치우는 것은 당연하다. 나도 점심을 먹고 이도 닦고 5교시 수업 준비도 하고 휴게실에서 쉬고 싶기도 한데, 녀석들은 도통 제 시간에 먹을 생각이 없어 보인다. 버티기형에게 이긴 역사는 아직까지 없다. 오늘도 항복이다. 1시까지는 꼭 자리를 비워줘야 하니까 말이다.

"재은아, 이거랑 이거만 먹고 가자. 먹을 수 있지?"

"자, 선생님이 골라 준 것만 먹고 올라가자."

갑자기 숟가락질이 빨라지며 금세 할당량(?)을 해치우는 아이들을 보며 또, '50분까지 버티면 돼~.'라며 우리 학교의 급식 시간을 악용하는 아이들을 보며, 언젠가는 한번 날을 잡아서 끝장을 봐볼까도 생각해 본다.

신규교사
유리 멘탈 흔들기

"선생님, 운동장에 좀 가보세요! 축구하다가 넘어졌는데 머리를 골대에 크게 부딪쳤어요!"

일이 터졌구나. 준오의 다급한 목소리였다. 아니, 이게 무슨 날벼락 같은 소리인가. 머리가 새하얘진다. 또, 머리를 다쳤다니 걱정이 이만저만이 아니었다. 선생님이 되면서 아이들 다치지 않게 해달라고 그렇게 기도했는데, 먹히지 않은 것 같다. 아무래도 점심시간 동안에 뛰어놀다가 다친 모양이다. 보건 선생님을 먼저 불러야 할까? 아이가 다쳤을 때의 매뉴얼이 뭐더라? 아무튼 이런 생각할 시간 없다. 우리 반 교실이 있는 4층에서 순식간에 운동장으로 뛰어 내려갔다.

"음… 준오야? 정수… 멀쩡하게 축구하고 있는데?"

내가 생각했던 아찔한 사고 현장과는 사뭇 달랐다. 운동장엔 무슨 일 있냐는 듯이 친구와 웃고 떠들며 축구를 열심히 하고 있는, 머리를 크게 다쳤다는 정수가 있었다. 한창 축구하느라 땀범벅이 되어 있는 정수를 불렀다. 정수는 괜히 쭈뼛쭈뼛이다.

"정수야, 너 아까 골대에 머리 부딪쳤다던데? 괜찮아?"

"네? 아닌데요?"

"준오가 그랬는데, 다쳐서 쓰러져 있다고."

"그거 아까 얼굴로 헤딩해가지고 창피해서 누워 있었어요."

"아….."

준오를 바라봤다. 해명이 필요하겠지? 소문에 살이 붙여진 경위는 다음과 같았다. 골대 근처에 넘어져서 얼굴을 부여잡고 창피해하고 있는 정수를 발견한 희태. 희태는 옆에 있던 사건, 사고 보고에 아주 '능한' 준오에게 "골대에 머리 박은 모양인데?"라고 전달. 준오는 4층 높이의 건물을 뛰어올라 유리 멘탈의 나에게 마치 자신이 본 것처럼, 정수가 축구하다가 넘어졌는데 골대에 머리를 크게 부딪쳤다고 실감 나게 다급하게 전달. 에휴, 사실을 가져오란 말이다, 사실을!

"잘했다, 잘했어. 괜찮아, 준오야. 혹시라도 또 이런 일 생기면 언제든 내게 얘기해. 혹시나 정말 위험한 일일지도 모르니까."

부서진 유리 멘탈 조각을 조각조각 붙이며 오르는 4층 계단이 왜 그리도 높은지. 그래도 진짜로 크게 다친 게 아니라는 사실은 그나마 정말 다행이라는 생각이 들었다. 앞으로도 우리 반이 평탄하게 흘러갈 것이라고는 전혀 생각지도 기대하지도 않는다. 다만 내가 바라는 것은, 그런 사건과 사고들이 진짜 심각한 사건과 사고들이 아니라 돌이켜서 생각해보면 웃음 지으며 소소하게 이야기 나눌 수 있는 이야깃거리가 되었으면 좋겠다는 것, 그거 하나다.

강에 떠 있는 오리배
= 초등교사?

"한강에 있는 오리배 알아요?"

대학교 2학년, 내가 처음 교육실습을 나갔을 때였다. 오래전 일이라 기억이 선명하지는 않지만, 한 가지 분명하게 기억나는 지도 선생님의 말씀이 있다. 선생님께서는 나에게 교사라는 직업에 대해 물으시며, 자신이 생각하는 교사에 대한 생각을 말해 주셨다.

"저는 교사라는 직업이 한강에 떠 있는 오리배를 닮았다고 생각해요. 밖에서 볼 때는 평화롭게 강을 가로지르고 있는 것처럼 보이지만, 오리배 안에서 페달을 밟는 당사자는 끊임없이 계속 밟고 있죠. 대신, 페달질을 잠깐이라도 멈추면 밖에서는 금방 저 오리배에 무슨 문제가 생겼나 하고 걱정하곤 해요. 교사도 마찬가지예요. 가르친다는 게, 특히 초등학생을 가르친다는 게 밖에서 볼 때는 참 평화롭고 쉬운 일처럼 비춰잖아요. 하지만 그렇게 평화롭게 보이기 위해서 그 안에서 우리는 쉼 없이 페달을 밟아야 하죠."

이땐 선생님의 비유에 완전히 공감할 수는 없었다. 겨우 대학교 2학년 학생이기도 했고 선생님에 대해서 깊이 있게 생각해본 적도 없었기 때문이다. 그런데 막상 내게 주어진 오리배에 올라 페달을 밟아 보니 참 어렵다. 내게 주어져 있는 일들은 온통 낯설고 처리하는 능력도 많이 부족하다. 또 쉽게 보일 수 있지만 아이들을 가르친다는 것이 내용의 난이도를 떠나 정말 복잡하고 민감한 일이라 하나의 수업을 위해서도 수많은 고민과 생각이 필요하다.

내가 탄 오리배가 한강의 오리배보다 하나 더 힘든 건, 여기저기서 내 오리배를 향해 화살을 쏜다는 거다. 페달 밟기도 버거운데 주변에서 무심코 던지는 화살을 견디려니 참 외롭고 더 힘들어진다. 9시부터 15시까지 우리 아이들과 지내다 보면, 온갖 기와 힘이 다 빠져나가는 기분이 든다. '기 빨린다.'는 표현이 알맞다. 퇴근하고 집에 오면 가방을 던져두고 털썩 드러누워 버리는 것도 다 이유가 있다. 나도 힘든 일들을 털어놓고 위로받고 싶은데, 나를 이해해주고 공감해주는 사람은 그다지 많지 않다.

"그거 다른 초짜 직장인들도 다 겪는 일인데 엄살 피우지 마라. 오히려 너는 편한 거야."

"초등학교 선생님이면 편한 거지. 애들 영화 보여주고 축구하면 되는 거 아냐?"

"1 더하기 1 가르치는 게 뭐가 어렵냐? 나도 지금 당장 가르치겠구만."

마음에 상처를 주는 말을 생각보다 자주 듣는다. 힘내라는 말을 돌려 말하려고 하는 건 알겠는데, 서럽다. 우리 아빠가 그랬고 엄마가 그랬다. 그리고 제일 친한 친구들도 나의 힘든 페달질을 사소하게 여긴다. 나도 안다. 다른 첫 직장을 경험하고 있는 사회 초년생들이 얼마나 힘든지 말이다. 그런데 나는 비교보다는 사실, '너 잘하고 있어.', '열심히 하네.', '고생이다.', '힘내라.'라는 격려와 칭찬의 말을 듣고 싶다.

내가 탄 오리배는 오늘도 아이들과 함께 강을 가로지르고 있다. 힘들고 어렵고 또 외롭지만 오늘도 힘찬 페달질로 하루를 시작해본다. 유유히 오리배가 안전하게 강을 가로지를 수 있도록 말이다. 다만 오늘만큼은 나의 힘겨운 페달질을 도와주는 사람들이 함께해주기를, 응원과 격려의 말을 건네는 사람들이 함께하기를 바라본다.

교사라는 직업은
한강에 떠 있는 오리배를
닮았다고 생각해요.

그야말로 멘붕!
성적처리

7월이다. 모든 게 평화롭고 아름답다. 여름방학이 다가와서 그런 것도 같고 아이들과 학교에 꽤 익숙해진 까닭도 있다. 이젠 메신저에 담긴 내용을 제때 처리하는 능력을 갖췄다. 그러나 신규 교사에게 1년이란 항상 위기와 절정, 결말만 존재하는 법. 준비할 틈도 없이 엄청난 태풍이 몰려오고 있었다. 성, 적, 처, 리.

부 부장님

> 3시부터 회의실에서 1학기 생기부(생활기록부) 및
> 나이스(NEIS 교육행정정보시스템으로 생활기록부 및 학생 평가,
> 성적 처리를 위한 교육청 시스템) 연수 있습니다.

부장님의 쪽지를 받고 3시, 룰루랄라 회의실로 향했다. 어라, 과학실에 그간 연수에서는 볼 수 없었던 스산한 기운이 감돌았다. 자리에 앉아 책상에 놓인 연수 자료를 보는데, 예? 20장이요? 연수 자료가 스무 장이다. 이렇게 연수 자료가 두꺼운 건 처음이었다.

"선생님들, 이미 성적 처리 관련해서는 다들 아시겠지만, 자꾸 까먹는 부분들이어서 중요한 부분들 체크하면서 연수를 진행하도록 하겠습니다."

반별 시간표, 결보강, 학적, 출결, 수상, 진로희망사항, 창체 누가기록, 교과평가, 교과학습발달상황, 행특, 생기부 정정 … 다시, 정말 다시, 2월 첫 회의 때로 돌아간 기분이다. 아~무것도 모르겠다. 알아들을 수도 없다. 처음 보는 단어들, 수많은 은어(줄임말)들까지 괴롭히는 통에 정말 아무것도 알아들을 수가 없었다. 학교에 익숙해졌다는 말, 다 취소다. 연수 자료 스무 장을 다 넘겼다. 중요한 건 빨간색으로 표시해 주셨다는데 온통 빨간색인 것 같이 보이는 건 기분 탓인가. 생기부 연수는 끝났는데, 이대로는 안 되겠다.

"선생님, 선생님. 이게 다 무슨 말이죠?"

"크크… 처음에 하는 성적처리는 완전 멘붕이지. 일단 연수 자료에 적힌 번호대로 하나씩 해보고 안 되는 거나 물어볼 거 있으면 나한테 물어봐.”

교실로 돌아가서 당장 나이스를 열었다. 음… 뭐부터 눌러봐야 될지 감이 잡히질 않는다. '성적'이라는 단어가 주는 알 수 없는 압박감에 마우스 클릭을 함부로 하다가는 안 되겠다는 생각이 들어서 후다닥 손을 떼어 버렸다. 당장 옆 반 선생님에게로 갔다. 옆 반 선생님도 바쁘신 줄 알지만, 어쩔 수가 없었다.

“선생님, 한 번만 다시 설명해주시면 안 될까요…?”

“오케이, 이리 와봐. 나이스 시스템 같이 보면서 하게.”

역시 일대일 지도는 달랐다. 어느 정도 성적 처리에 대한 갈피를 잡을 수가 있었다. 나는 선생님의 말씀을 노트에 옮겨 적어 놓기 바빴다. 물론, 그 후에도 그 선생님께 열몇 번의 전화와 수십 통의 쪽지를 보내야 했지만 말이다. 통지표를 제출하는 그 날까지 컴퓨터와 눈싸움을 해서야 겨우겨우 성적처리를 마칠 수 있었다. 애꿎은 손톱을 깨물며 뭔가 틀렸을 것 같다는 불안에 떨었고 실제로 실수한 부분이 있어서 부리나케 고쳐야 하는 상황도 꽤 많았다. 4년차 경력에 접어든 지금도 성적처리는 헷갈리고 또 헷갈린다.

학교에서
살아남기

나는 우리 반에서 선생님이라는 꽤나 큰 존재로 아이들 앞에 서 있다. 그리고 교실에서 아이들과 함께 '생존'을 위해 부단히 노력하고 있다. 반대로, 학교 안에서는 나만큼 작은 사람도 없다. 나는 그저 그런 신규교사이기 때문이다. 그리고 학교라는 큰 조직에서 신규교사는 또 다른 의미에서의 '생존'이 필요하다.

선생님? 아니면 형? 누나?

난 92년생이다. 우리 반 아이들은 04년생. 나와는 열두 살 차이, 그렇다 띠동갑이다. 요새도 가끔 들려오는 '띠동갑 결혼!',

'나이를 뛰어넘은 연상연하 커플'과 같은 이야기는 괜히 내 기분을 요상하게 만든다. 어쨌든 우리 반 아이들에게 나는 절대적으로 선생님이다. 그런데 진짜 문제는 여기서부터다. 나와 선배 선생님들 간의 호칭 문제로 연결되기 때문이다. 학교 안에서야 당연히 서로 '선생님'이라는 호칭으로 부르지만 문제는 사석이다. 사석에서 만난 이 선배 선생님들을 뭐라 불러야 할지 정말 애매하다.

몇몇 선배 선생님들께서는 나에게 괜찮다며 편하게 형이나 누나라고 부르라고 얘기하신다. 하지만 나와는 띠동갑을 넘긴 분들도 있어서 자꾸 나와 띠동갑인 우리 반 아이들이 생각나 쉽사리 호칭을 내려놓기가 어렵다. 계속 선생님이라고 부르기에는 선배 선생님들이 내게 주시는 애정에 괜히 죄송스럽고…. 살갑게 선배 선생님들을 대하는 몇몇 선생님들을 보면, 참 부럽다. 어떻게 하면 선생님들 사이에서 현명하게 생존할 수 있을까? 그래, 일단 신규교사 티를 좀 벗자. 그럼 나아지지 않으려나?

공포의 벨소리

종례 시간, 아이들을 보내려고 준비하던 그 순간. 따르릉. 학급 전화벨 소리가 우렁차게 울린다. 두 번 울릴 때까지 꾹 참고 기다린다. 잘못 걸린 전화이길 바라는 마음이다. 세 번째 전화벨도 우렁차게 울린다. 어쩔 수 없이 수화기를 들었다.

"어, 애들 보내고 나면 교장실에 좀 오세요."

마음이 덜컹거린다. 교장 선생님께서 나를 왜 찾으시나. 온갖 상상력이 내 머릿속을 어지럽힌다. 내가 뭘 잊어버렸지? 오늘 뭘 해야 하더라? 왜 부르시는 거지? 괜히 오늘 오전에 결재 올렸던 파일을 몇 번이나 다시 확인해 본다.

그렇게 덜컹거리는 마음을 부여잡고 찾아갔지만 다소 싱겁게 (?) 용무가 끝난다. 그래, 생각해보면 오늘 내가 잘못한 일이 뭐가 있는가. 난 떳떳하단 말이다. 도둑이 제 발 저려야 하는데 나는 도둑도 아닌데 발이 저리다. 교장 선생님만이 아니다. 선배 선생님들께서 나를 찾아도 괜한 상상력이 총출동한다. 전화 벨소리에도 흔들리지 않고 생존하기 위해서는 선생님들과 심적으로 가까워질 수 있는 시간이 필요할 것 같다. 그때까지는 신규교사의 발은 오늘도 저릴 예정이다.

이것저것 다 하는 신규교사

아이들부터 학부모, 선생님까지 무언가를 수합해야 하는 일이 생긴다. 설문지만 가지고도 간단히 수합할 수 있도록 엑셀로 수합 파일을 뚝딱 만들어 메신저로 뿌린다. 학년 협의실에 A4가 부족한 모양이다. 1층에 내려가 A4를 잔뜩 들고 온다. 참고로 우리 학년 협의실은 4층이다. 협의실에 쓰레기와 먼지가 그새 많이 모였다. 우리 반 청소기를 들고 가서 열심히 청소를 해본다. 참고로 우리 반 교실은 2층에 있다. 우연히 간식거리를 얻게 되었다. 선생님들을 불러 모아 당 충전하시라면서 두런두런 나누어 먹는다. 난 이것저것 다 한다.

고맙다며 장문의 쪽지를 보내주시는 선생님, 고생했다고 어깨를 다독여주시는 선생님, 다음에는 자기가 청소하겠다며 진짜 협의실 청소를 하시던 선생님, 본인이 신경 써야 하는 일인데 먼저 해줘서 항상 고마웠다는 선생님, 다음 날 간식거리를 손수 싸 오셔서 나눠주시는 선생님까지, 이것저것 다 하려는 신규교사에게 고맙다는 표현을 아끼시지 않는다. 그럼 또 힘이 불끈 난다. 그렇게 선생님들은 서로 '동료'가 된다. 서로 실수와 어려움을 보듬고 도와줄 수 있는 동료 말이다. 그렇게 신규교사는 생존을 위한 길을 하나 더 확보해 두었다.

VAR이
필요해

어릴 적 나도 좋아했던 피구, 여전히 아이들이 즐겁게 참여하는 체육활동이다. 그런데, 그 사실을 알고 있는가? 가장 심판을 보기 어려운 체육 활동 역시 피구라는 점을 말이다.

"선생님! 쟤 금 밟았어요!"

"야! 너 맞았잖아! 왜 안 나가!"

"땅볼이에요! 아웃 아니에요!"

"쟤가 선 넘기 전에 공 가져갔어요!"

이렇게 항의가 빗발치는 종목이 바로 피구다. 사실 고학년 피구 시합쯤 되면, 피구공 속도가 어마어마하다. 선생님의 직관력과 판단력이 그런 피구공의 속도를 감당하기에는 한계가 있는 것이 사실이다. 그래서 항의가 많은 만큼 오심도 많다. 특히 공이 조금이라도 땅에 닿은 후에 몸에 맞으면 아웃이 아닌데, 순간적으로 보기가 힘들 정도로 빠르고 제대로 확인도 되질 않아 가장 많은 애를 먹는다. 다이내믹한 경기 운영을 위해 피구공이 두 개로 늘어나기라도 하면 더욱 애를 먹는다.

정확히 보지 못했더라도 눈치껏 아이들의 반응을 살피며 판정을 내리는 방법이 있긴 한데, 이마저도 어려움이 있다. 원고와 피고 모두 진실된 표정으로 억울함을 호소하기 때문이다. 모두 자신의 판단에 나름의 확신을 가지고 있을 것이다. 어느 한 편의 손을 들어주기가 어렵다. 반 대항 같은 경쟁 요소가 들어간 피구 시합은 훨씬 심해진다. 승부욕 좋은 아이들의 항의에 심판은 금방 평정심을 잃기 때문이다.

아무튼 이렇게 판정에 어려움이 많은 피구 경기에는 대부분 남자 선생님이 배정되곤 했다. 항의하는 아이들을 어느 정도 막기 위한 장치일 것이다. 나도 어려운 경기의 피구 심판으로 곧잘 배정되곤 했다. 그 사건이 벌어진 학교스포츠클럽 대회 4반과 6반의 피구 결승전 심판도 역시 나였다. 남은 시간은 30초, 동점 상황. 기적처럼 발끝을 맞고 6반 학생이 아웃되었다. 그러나 6반의 에이스 학생은 포기하지 않고 곧바로 피구공을 집어 아주 낮고 빠르게 상대 진영으로 던졌다. 4반 학생의 발과 경기장이 거의 동시에 맞은 상황, 모두의 시선이 나에게로 향했다.

"… 아… 아웃!"

이럴 수가, 순간 망설였다. 4반 학생이 부리나케 나에게로 다가왔다. 6반 학생도 질세라 나에게로 뛰어왔다.

"아웃 아니에요! 분명히 땅볼이었단 말이에요!"

"분명 아웃이에요! 제가 똑똑히 봤어요."

오랜 피구 시합으로 땀이 흥건한 두 아이는 씩씩거리며 나를 올려다보고 있었다.

"VAR 해요!"

학교 경기에 VAR(비디오 판독 시스템)이 웬 말인가. 그런데 그때, 진짜 VAR이 등장했다. 경기장 반대편에서 아이들 피구하는 모습을 찍어주시던 4반 선생님이 때마침 핸드폰으로 동영상을 촬영하고 있었던 것이다. 아이들이 일제히 4반 선생님께 몰려들었다. 비디오 판독 결과는 아웃이었다. 미세한 차이였지만, 분명히 발에 먼저 맞는 모습을 정확히 확인할 수 있었다.

"봐, 선생님이 심판 말 들으라 했지?"

괜히 으스대며, 두 아이를 진정시키고 남은 경기를 속개했다. 만약, 선생님의 VAR이 없었더라면, 어휴 상상하기도 싫다. 어느 쪽이든 한쪽에서 온갖 미움은 다 받았을 테니까 말이다.

첫 졸업식,
울었을까요?

"선생님, 졸업식 날 울 거예요?"

글쎄, 나도 나를 잘 모르겠다. 내가 보내는 첫 번째 졸업식이었으니까 말이다. 캐릭터 상, 울지 않을 것 같기도 하지만 막상 졸업식 영상을 만들려고 1년간의 아이들 사진을 훑어보면서 마음이 살짝 울렁거리기도 한다. 과연 나는 울까? 나도 궁금했다.

어느새 졸업식 당일. 1년 내내 입지도 않던 정장을 입고 학교로 향했다. 교실에는 들떠 있던 이전과는 다르게 살짝 무거운 분위기가 흘렀다. 말로는 도저히 표현할 수 없는 감정이 들었다. 소름이 돋으면서도 긴장되고 한편으로는 기쁘기도 슬프기도 한 묘한 감정이었다. 다른 반 친구들에게도 인사할 수 있는 시간을 자유롭게 주고 9시에 모두 교실에 모였다. 2명 빼고. 응? 잠깐만,

왜 2명이 빠졌지?

"세빈이하고 민균이 오늘 학교에서 본 사람 있어요?"

대답이 없다. 9시 반이면 졸업식 준비를 위해서 체육관으로 이동해야 하는데, 9시가 넘어서도 오질 않았다니. 부리나케 학부모에게 전화를 걸었다. 둘 다 안 받는다. 말로 표현할 수 없었던 감정선은 이미 당황과 걱정의 감정선으로 바뀐 지 오래였다. 설마 졸업식 날 늦잠을 자지는 않았을 거고 혹시나 하는 걱정스런 마음이 들었다. 계속 전화를 걸었다. 집, 학부모, 형제들까지. 아무도 받질 않았다. 그때, 전화벨이 울렸다. 민균이 엄마였다.

"민균이 혹시 오늘 무슨 일 있나요? 학교에 오질 않아서요."

"선생님, 정말 죄송해요. 늦잠을 잤다고 하네요. 분명 민균이 일어나는 거 보고 먼저 나왔는데, 또 잠이 들었나 봐요. 이제야막 챙겨서 출발했다네요."

졸업식에 늦잠이라니… 어쨌든 좋다. 민균이는 연락이 되었고. 등줄기와 손바닥에는 온통 식은땀이 흐르고 있었다. 다시 세빈이 집에 전화를 걸었다. 이미 세 번째 전화였다.

"…."

"세빈이니? 세빈아, 선생님이야!"

"…네."

"자고 있었어?"

"…네."

"지금 9시 20분 다 됐어. 이제 졸업식 준비하러 가야 해. 얼른 학교로 뛰어와!"

"…네, 죄송합니다."

세빈이도 늦잠이라니… 1년 내내 지각 한 번 안 하던 두 아이가 하필 졸업식에 지각이라니. 여하튼 세빈이도 등교할 테니 걱정은 덜었다. 몇 분 후, 머리도 감지 않은 채 온 것 같은 민균이과 세빈이가 교실로 들어왔다. 이미 9시 35분. 빨리 이동해야 할 시간이었다. 어젯밤 감성 충만하게 준비했던 마지막 멘트들은 생략한 채 놀란 마음을 진정시키며 졸업식이 한창 준비 중인 체육관으로 이동했다. 졸업식장은 이미 졸업의 느낌이 물씬 풍기고 있었다. 사람이 가득 들어찬 졸업식장에 들어오니 말로 표현할 수 없는 묘한 감정들이 다시 솟기 시작했다.

곧 졸업식이 시작되었다. 사람들은 시간이 갈수록 점점 많아졌고 정신없이 꽉 짜여서 진행되는 졸업식에서 스멀스멀 올라왔던 묘한 감정들은 잦아들고 분주한 마음이 득세했다. 이제까지 동료 선생님들과 함께 준비했던 졸업식이 계획했던 대로 흘러가주길 바라는 마음에 무럭무럭 자란 긴장감도 내 마음을 괴롭혔다. 어느새 우리 반 아이들이 졸업장을 받는 차례가 되었고 나도 아이들과 함께 단상에 올라 마지막 인사를 해야 하는 시간이었다.

간단히 악수만 하면서 제빨리(?) 아이들을 보내주었다. 우리가 계획한 시간에 맞게 졸업식을 마쳐야겠다는 생각이 이미 머릿속에 가득했기 때문이었다. 눈물을 흘릴 여유 따위는 없었다. 사실 내가 울게 된다면 가장 위태로울 것 같은 포인트였는데 말이다.

"이로써 졸업식을 모두 마치도록 하겠습니다. 학생 여러분들은 담임선생님에게로 이동해주시기 바랍니다."

휴, 일단 정해진 졸업식 일정은 모두 끝났다. 진짜 아이들과 이별해야 할 시간. 롤링페이퍼부터 졸업앨범, 상장 등을 한 명, 한 명 나누어주고 우리 반의 모든 졸업식 일정도 마무리했다. 졸업식 내내 분주했던 마음, 긴장한 마음이 다 누그러지고 잠시 잦아들었던 아이들을 향한 내 애틋한 감정이 절정으로 오르기 시작했다. 아마 아이들 마음도 그랬는지, 좀 전까지 방실방실 웃고 떠들던 아이들 몇몇이 울음을 터뜨리기 시작했다. 그런 아이들을 보며, 나도 곧 수도꼭지가 열릴 것 같았다.

"선생님, 우리 사진 찍을까요?"

"그래, 그래!"

몇몇의 아이들이 다가와서 사진을 찍자고 했다. 나는 울음을 터뜨린 아이의 눈물을 닦아주면서, 아이들과 마지막이 될지도 모를 사진을 함께 찍으면서 울음을 간신히 참고 있었다. 그때, 우느라 얼굴이 벌게진 다정이가 나에게 와서 사진을 찍자고 했다.

키가 작은 다정이의 키에 맞춰 무릎을 굽혀 포즈를 취했다. 바로 그 순간, 울음을 간신히 참아보려 했던 나는 곧 다시 눈물을 흘릴 여유를 잃고 말았다.

오래된 정장 바지가 문제였다. 아슬아슬했던 바지는 갑작스런 나의 무릎 앉기를 견디지 못하고 하필 이때, 안쪽이 완전히 나가버린 것이다. 다정이를 애써 웃으며 보내고 슬쩍 뒤 허벅지를 만져보니 이런, 속옷이 만져질 정도로 쭉 나가버렸다. 이럴 수가. 그때부터 나는 선택의 여지가 없었다. 체육관 한 쪽 벽에 딱 붙어서 오매불망 아이들과 손님들이 다 나가 주기를 기다리는 수밖에.

식은땀이 다시 나기 시작했다. 저 멀리 우리 반 아이들이 나를 찾는 모습이 보이는데, 울먹이면서 초등학교 마지막 사진을 남기는 우리 반 아이들이 보이는데, 난 더 이상 아무것도 할 수가 없었다. 가만히 있는 수밖에. 눈물은 어느새 쏙 들어가 있었다.

"선생님, 저희 반에 코트 좀… 바지가 찢어져서 코트 입고 나가야겠어요."

다른 선생님의 도움을 받아 긴 코트로 바지를 가린 채 아이들보다 더 빨리 헐레벌떡 식장을 빠져나왔다. 누가 보면 아이들이랑 헤어질 오늘만을 기다린 선생님처럼 보였을지도 모르겠다. 찢어진 바지 대신 다른 바지로 갈아입는데, 아이들과 마지막 날이었던 오늘 하루를 버티지 못한 이 바지가 어찌나 야속하던지.

허탈한 웃음이 났다.

결국 나는 내 첫 졸업식에서 울지 않았다. 아니, 울지 못했다.

첫 6학년 아이들과의 1년, 참 마지막까지 좌충우돌이다.

고 상 훈

2018년 잘~ 보냈다 ㅎㅎ
고마워 애들아 ^^

나는 내 첫 졸업식에서
울지 않았다.
아니, 울지 못했다.

신규교사 경력 3년,
초등학교 선생님으로서
치열했던 삶과 고민들

2부 — 新규 교사 니까요!

선생님,
우유는 언제 먹어요?

"선생님, 우유는 언제 먹어요?"

"급식 꼭 다 먹어야 돼요?"

"청소는 언제, 누구부터 하는 거예요?"

첫날부터 질문이 쏟아졌다. 얼핏 보면, '저런 것들이 뭐가 중요해?'라고 생각할 수도 있겠지만, 아이들에겐 정말 중요하다 못해 핫(?)한 주제들이다. 우유, 급식, 청소, 규칙 등은 자신들의 학교생활과 직접적으로 관련이 있는 부분이기 때문이다. 그래서 나 역시 고민을 많이 했고, 주변에 조언도 많이 구했다.

사실 모든 교실 운영의 방향에는 장단점이 존재하고 그마저도 선생님들마다 다를 수 있다. 하지만 신규교사인 내게는 뭐가 맞는지 아닌지를 판단할 경륜이 없었다. 담임선생님으로서의 경력이 없는 내가 확실한 중심을 잡고 나만의 스타일을 갖춘 교실을 만들어간다는 것이 쉬운 일은 아니었다. 또 선배 선생님들께서 전해주시는 '그거 말이야, 내가 해봤는데….'로 시작하는 조언들은 섣불리 무언가를 시도하기 전에 많은 고민이 필요함을 다시 한번 깨닫게 했다.

오랜 고민 끝에 나는 교실의 운영과 관련한 모든 사항들을 모두 아이들에게 맡겨보기로 결정했다. 오래전부터 아이들과 함께 만들어 가는 교실을 꿈꿔왔기 때문이다. 물론 아이들에게 모든 것을 맡기는 것에 대해 걱정하시는 선배 선생님들도 많았지만, 옆에서 아니라고 해도 소신대로 일단 해보는 게 중요하다는 선배 선생님의 말에 큰 용기를 얻고 결정한 일이었다.

교실 안에서 아이들은 스스로 교실자치를 조직하고 교실의 대소사를 결정하는 일과 실행하는 일을 직접 해야 했다. 분명 아이들에게 쉬운 일은 아니었지만, 교실이라는 작은 사회에서 필요한 약속들을 직접 만들고 지켜가는 과정 속에서 배려와 협동, 자유와 책임을 자연스럽게 배울 수 있게 만들기 위한 장치가 되리라 믿었다.

물론 이런 교실의 운영 방향은 선배 선생님들의 걱정처럼 큰 우려가 따르는 일이었다. 만약 아이들이 이기적인 방향으로만 교실의 약속을 정하거나 교실자치에서 행하는 일들을 장난스럽게 받아들인다면, 우리 교실에 아주 큰 위기가 찾아올 수 있기 때문이었다.

"음… 그런 것들은 다 너희들이 정할 거야."

"우와! 그럼 우리 마음대로 하는 거예요?"

"그렇지. 대신, 우리 반 모두가 행복하다면."

내 발언에 대한 아이들의 반응은 폭발적이었다. 환호성을 지르는 아이, 제티를 가져와서 초코 우유를 만들어 먹어도 되냐고 묻는 아이, 청소를 일주일에 한 번만 하자고 목소리를 높이는 아이, 급식은 자기가 먹고 싶은 것만 먹자는 아이까지. 어이구, 이거 내가 정신 안 차리다간 정말이지 큰일 나겠다 싶었다.

그렇게 첫 교실자치를 열던 날, 나는 두 동영상을 보여주었다. 하나는 실제로 학교 규칙을 스스로 만들고 공부하는 영국 '서머힐 학교'에 관한 동영상이었고, 하나는 자신의 사소한 정책 하나가 어떤 영향을 미칠 수 있는지를 보여줄 수 있는 '깨진 유리창의 법칙'에 관한 이야기였다. 사실, 교실자치 전 동영상 시청은 계획에 없던 일이었다. 하지만 내 귓속을 맴도는 아이들의 웃음기 가득한 환호성에 걱정을 한가득 지고 급하게 준비한 영상이었다.

다행히 동영상을 통해 아이들은 내가 교실자치에서 요구하는 태도와 역할을 어느 정도 이해하는 듯해 보였지만, 돌아서면 달라지고 눈 깜빡하면 변하는 것이 아이들의 마음이라 쉬이 아이들의 마음을 읽을 수는 없었다. 어찌 되었든 우리 반은 행정부(정책 운영 총괄 및 회의 진행), 환경부(교실 환경 관련 정책 제시 및 운영), 학습부(학습 관련 정책 제시 및 운영), 인성부(학교생활 관련 정책 제시 및 운영) 그리고 감사부(부서 정책 운영 및 정책 평가)로 나뉘어 장장 다섯 교시에 걸친 회의가 시작되었다. 모두가 함께 교실을 만들기 위해서 말이다.

정책을 만드는 것에 제한점은 단 하나였다. '모두가 행복한' 정책이어야 한다는 점이었다. 여기저기 목소리가 점점 커지는 모양새를 보아하니 의견도 활발히 나오는 것 같고, 의견 충돌도 있는 것 같았다. 물론 장난스럽게 참여하거나 혹은 자신이 하고 싶은 대로 하려는 친구들도 더러 있었다. 하지만 놀랍게도 선생님인 내가 굳이 참견하지 않아도 아이들은 스스로 그 과정에서 나름의 자정작용을 거치고 있었다.

좋아하는 친구끼리 급식을 먹자는 의견은 모두가 행복하지 않을 수 있다는 의견에 부딪쳤고 일주일에 한 번만 청소하자는 의견은 쓰레기통이 된 교실은 상상하기도 싫다는 의견에 부딪쳤다. 그냥 선생님이 대표로 청소하면 안 되냐는 장난기 섞인 의견도 뭐든 공평해야 한다는 말에 쏙 들어갔다(사실, 그대로 통과되면 어쩌나 걱정했다.). 또 수업 시간에 떠드는 친구는 감사부에 보내서 큰 벌을 받게 해야 한다는 의견은 벌이 너무 가혹하다며 말로 경고하는 것으로 감면되기도 했다.

그렇게 장장 다섯 교시에 걸친 아이들의 회의 끝에 만들어진 우리 반 정책들은 내가 기대했던 것보다 더 자세했고 세심했다. 물론, 비효율적인 정책들도 있었고 단번에 단점들이 눈에 들어오는 정책들도 있었다. 하지만 모두가 행복할 수 있는 정책들이었다.

그리고 무엇보다 아이들 스스로 교실을 위해 생각하고 친구들과 함께 이야기 나누며 하나하나 직접 만들어낸 정책들이었다.

한 사람이 통보하는 교실이 아닌, 함께 만들어가는 교실이 된 것
이다.

부서별로 만든 정책들을 '수정 없이'
한 가지씩만 그대로 공개하면

행정부 선생님이 없을 때, 학급에 전화가 걸려오면 '몇 학년 몇 반
누구입니다.'를 밝히고 전화 내용을 꼭 메모해두기

학습부 5분 전(1번 치기, 수업 5분 전 알림), 3분 전(2번 치기, 교
과서 준비), 1분 전(3번 치기, 자리 앉아 있기) 종신호로 아
이들 수업 준비시키기

인성부 우유는 아침활동 시간에 다 먹고 (알레르기가 있는 친구는
제외) 모둠 꼼꼼이가 우유갑을 펴고 나머지 부원은 접어서
꼼꼼이 우유갑에 넣기

환경부 환경부+회장 / 인성부+여부회장 / 학습부+남부회장 / 감
사부+선생님 4팀으로 구성해서 일주일 단위로 돌아가며
청소하기

감사부 건의함을 설치하여 정책과 부서 운영에 대한 의견 듣기

이런, 그런데 아이들이 만든 약속들 속에 함정 하나가 눈에 띈
다. 청소 팀에 편성된 '감사부+선생님'. 환경부에서 우리 교실은
공평해야 한다며, 선생님인 나도 졸지에 꼼짝없이 빗자루를 들
고 청소를 하게 생겼다. 어쩔 수 없다. 아니, 어쩌면 당연한 일인
지도 모른다. 교실은 나의 것이 아닌, 우리의 것이니까.

／

한 사람이 통보하는 교실이 아닌,
함께 만들어가는 교실이 된 것이다.
교실은 나의 것이 아닌, 우리의 것이니까.

／

최악의 수업을
하는 방법

나는 수업에 대한 욕심이 많았다. 수업을 더 잘해보고 싶고 창의적으로 진행해보고 싶고, 또 어떻게 하면 더 재미있게 할지 혹은 배움이 있는 수업을 만들 수 있을지에 대한 고민이 많았다. 게다가 아직 수업 준비를 하는 노하우가 부족한 탓에 신규교사의 수업 준비는 언제나 퇴근 시간을 훌쩍 넘기곤 했다. 가끔은 밤 11시가 돼서야 집으로 돌아간 적도 더러 있었다. 주말도 예외는 없다. 나는 그렇게 내 개인 시간을 쪼개가면서까지 수업을 준비했었다.

그래서 내 개인 시간을 쪼개가며 준비한 하나의 수업에 애착이 가는 것은 당연했다. 밤새 준비한 것을 다 보여주고 싶고, 다 알려주고 싶고, 더 말해주고 싶고. 야속하게 흘러가는 수업 시간

40분은 1분, 1분이 아쉬운 시간이었다.

"자자, 여기 봐야지!"

"어디 보는 거야? 선생님 봐야지!"

"집중, 집중! 마지막이야, 마지막!"

그날 사회 수업도 마찬가지였다. 전날 밤 늦게까지 수업 자료와 내용을 준비하고 나 스스로 수업할 생각에 들떠 자신 있게 시작한 6교시 수업이었다. 하지만 내가 준비한 수업의 양은 내 생각보다 아이들이 한 차시(40분) 안에 배우기에는 다소 부담이 되는 양인 듯했다. 시간도 부족했고, 아이들의 집중력도 역시 한계에 부딪친 것 같았다.

주어진 40분이 가까워올수록 선생님인 나의 말 속도는 점점 빨라지고, 목소리의 크기도 점점 커져만 갔다. 전할 내용은 아직도 한가득인데, 시간은 촉박했기 때문이었다. 시간에 쫓기는 나는 아이들이 떠들면 혹은 딴짓을 하고 있으면 신경질적인 목소리로 쏘아붙이며 집중을 강요했다. 어서어서 빨리빨리 해야 할 수업 내용을 다 전달하고서 수업을 마쳐야 했기 때문이었다.

수업을 그렇게 꾸역꾸역 끝내고 나서 아이들이 노트에 정리한 내용들을 하나하나 들여다보는데, 이건 뭐 죄다 엉망이다. 아이들 표정들도 멍. 폭풍같이 욱여넣은 6교시에 혼이 나간 것 같이 보였다. 그제야 정신이 들었다. 아차, 내가 정말 큰 실수를 했구나. 나는 내가 열심히 준비한 수업을 전부 다 보여주겠다는 생각, 그 생각 하나 때문에 정작 정말 중요한 우리 반 아이들을 전혀 생각하지 못했다. 수업에 대한 내 욕심에 아이들을 배려하지 못했다니. 심지어 나는 지금 내가 가르치고 있는 이 내용이 아이들에게 부담이 되고 있다는 사실도 눈치 챘는데 말이다.

사실, 알고 보면 아이들은 정말 솔직하다. 지나치게 어렵거나 재미없거나 힘들면 바로 드러난다. 의자를 흔들흔들, 옆 친구와도 조잘조잘, 눈의 초점도 이리저리, 연필은 낙서만 끄적끄적. 그래서 아이들의 솔직한 리듬에 따라 수업의 흐름과 호흡을 조절하는 것은 매우 중요하다. 내용을 얼마나 어떻게 잘라서 가르치는지에 따라서 아이들이 배우는 정도 역시 달라지기 때문이다.

그날의 사회 수업은 아이들의 반응에 맞게 과감하게 수업을 자르고 호흡을 조절했어야 했다. 설령 그 수업이 내가 밤새 준비한 수업이라고 해도 말이다. 수업은 나를 위한 것이 아니라 우리 반 아이들을 위한 것이기 때문이다. 너무나 당연한 사실을 나는 잊고 있었다. 수업에서 가장 중요한 건 바로 아이들이라는 점 말이다. 나는 그렇게 최악의 수업을 하고 말았다. 그리고 앞으로도 최악의 수업은 얼마든지 있을 수 있다는 것도 잘 안다. 대신, 잊지는 말자. 내 첫 번째 최악의 수업을.

'어제 사회 시간이 정말 힘들었다. 집중을 못 해서 선생님께 혼

났다.'

　다음 날, 한 아이가 아침 글쓰기로 내밀었다. 나는 "선생님이 미안해."라고 답했다.

초 등 학 교

초 등 학 교

초등학교

미술 (5~6학년군)

생활 속의 보건

6
학년

초 등 학 교

5~6학년군

6

초등학교

초등학교 실과

도덕 6

6

초 등 학 교

체육 6

초 등 학 교

음악 (5~6학년군)

6

초 등 학 교

5~6학년군

국어 6-2

초 등 학 교

5~6학년군

국어 6-2

초 등 학 교

5~6학년군

초 등 학 교

사회과부도

수학

가 나

초 등 학 교

5~6학년군

사회 6-2

초 등 학

5~6학년군

실

'어제 사회 시간이 힘들었다.
집중을 못해서 선생님께 혼났다.'
"선생님이 미안해."

실패를
가르치기

"선생님, 도대체 교실자치 언제 열어요? 빨리 바꿔야 돼요!"

"급식 검사를 우리가 하니까 불편해요, 선생님이 해요!"

"일일이 칫솔질했는지 검사하는 건 너무 어려워요."

3월 첫 주, 우리 반을 스스로 만들어가는 첫 번째 교실자치가 열린 이후, 아이들의 불만과 불평이 끊임없이 쏟아진다. 아이들이 직접 정하는 정책들 중 몇몇은 비효율적이거나 단점이 쉽게 눈에 들어오는 정책들이었기 때문에 어느 정도는 예상 가능했던 일이었다. 꾹 참고 간섭하지 않은 채, 내버려둔 것이 결국은 이렇게 되었다. 하지만 나는 여기저기서 터져 나오는 불만들을 향해 항상 같은 말로 답했다.

"그래? 다음 교실자치 때 바꾸면 되겠네. 지금은 어쩔 수 없어."

"그건 안 돼. 지금은 정해진 정책대로 하는 거야."

내가 자동응답기처럼 매번 이 대답으로 일관하는 이유는 한 가지 생각 때문이었다. '실패'의 경험. 나는 '성공'의 경험만큼 아이들의 생각을 단단하게, 마음을 튼튼하게 만들어줄 수 있을 경험은 바로 실패의 경험이라고 생각했다. 내가 살아온 삶을 돌아봐도 마찬가지다. 성공의 달콤한 기억보다 실패의 쓰라린 기억은 내 머리에 짙게 남아있다. 삶 속에서 경험한 실패는 나의 삶의 방향을 바꾸었고 뿌리 깊었던 가치관을 흔들었다. 나는 그렇게 누구나 그렇듯이 실패를 통해 스스로를 조정해나갔다.

그래서 나는 아이들보다 먼저 태어나 삶을 가르치는 선생(先生)님으로서 내가 아이들보다 먼저 살아오면서 얻은 실패의 소중함을 전달하고 싶었다. 아이들이 생각과 마음의 성장을 위해 실패를 스스로 견디고 기억하기를 바라면서 말이다. 아이들의 불만 섞인 반응을 들으면서도 나쁘지 않았던 까닭도 아이들이 실패라는 중요한 과정을 통과하고 있다고 생각했기 때문이었다.

아이들이 실패에 대해서 불만만 나에게 늘어놓는 것은 결코 아니었다. 다소 어설프지만 해결방법도 있었고, 정책의 어떤 부분이 문제인지도 어느 정도는 알고 있는 듯했다. 감사부에서 만든 건의함에는 정책 수정에 관한 쪽지들이 가득했다. 그렇게 실패의 경험이 차곡차곡 쌓여가고 있을 무렵, 나는 두 번째 교실자치를 아이들에게 공지했다.

두 번째 교실자치가 열리고, 각 부서(행정부, 감사부, 인성부, 환경부, 학습부)들의 부원들은 3월 초, 각 부서에서 만들었던 정책들을 스스로 평가하고 개선안을 마련하는 과제를 받아들었다. 아이들끼리 서로 공유하는 정책에 대한 생각과 고민은 기대보다도 더 날카롭고 섬세했다.

두 번째 교실자치

행정부 다른 부서들과 겹치는 정책이 많아서, 정책을 정하기 전에 부서 간의 협력이 필요하다.

감사부 쉬는 시간에 정책을 점검하는 일이 흐지부지되었다. 어떤 방법으로든 정책을 점검하는 일을 책임지고 할 수 있으면 좋을 것 같다.

인성부 인성부로서 아이들이 정책을 잘 지키고 있는지 점검만 할 것이 아니라, 친구들끼리 자연스럽게 친해질 수 있는 방법을 생각해야 한다.

환경부 청소 시간이 너무 부족하다. 부족한 시간 때문에 대충 청소를 하다 보니까 청소가 제대로 안 된다.

학습부 수업 시간을 알리는 종소리랑 할리갈리(보드게임) 종소리
가 헷갈린다. 종소리 대신에 수업 시간을 알릴 수 있는 다
른 방법이 필요하다.

한 달 동안 정책을 수행하면서 느낀 불편함을 아이들은 누구
보다 몸소 느끼고 있는 것 같았다. 또한 그러한 불편함을 인지하
는 것에 멈추지 않고 어떻게 해결할 수 있을지에 대한 생각과
고민으로 자연스럽게 이어지고 있었다.

아이들은 각 부서에서 부서원들과 이야기를 나누며, 어떻게
하면 문제점을 해결하고 더 좋은 정책이 될 수 있을지 고민을 거
듭했다.

또한 아이들은 이것에 멈추지 않고, 자신의 부서가 학급이라는
작은 사회를 위해 좀더 할 수 있는 일은 없을지에 대한 물음에도
진지하게 반응하고 있었다. 때로는 서로의 의견을 저울질하기도
하고, 때로는 서로 의견의 장단점을 직접적으로 지적하기도 했
다. 아이들은 분명 한 달 동안 학급이라는 작은 사회 속에서 스스
로 결정했던 일에 대해 실패를 겪었지만, 그 실패의 과정을 되풀
이하지 않고 수정해 나아가고자 스스로 노력하며 책임지고 있었다.

3시간에 걸친 회의는 폐회를 선언하기가 어려울 정도로 치열
했다. 두 번째 교실자치에서는 내가 도움을 주는 말에도 큰 신경

도 쓰지 않아 무안할 지경이었다. 실제로 인성부와 환경부는 방과 후에도 남아 부서원들과 끝장회의를 이어가기도 했다.

**그 끝장회의의 결과를
몇 가지 밝히면**

행정부 정책이 자꾸 다른 부서와 겹치는 바람에 행정부가 할 일이 너무 없어서, 행정부 구성원인 회장, 남부회장, 여부회장이 달마다 한 명씩 찢어져서 인성, 환경, 학습부에 파견을 가는 것으로 결정되었음. 4월에는 회장은 학습부, 남부회장은 인성부, 여부회장은 환경부로 파견.

감사부 쉬는 시간마다 정책을 점검할 학생을 뽑고 점검하기로 했는데, 제대로 운영이 되질 않기 때문에, 선생님 책상 옆에 자리를 만들어서 쉬는 시간에는 꼭 그 자리에 앉아서 점검이 역할을 할 수 있게 할 것.

인성부 우리 반 아이들끼리 아직 이름도 모르고, 얘기도 아예 안 해본 친구들이 좀 있어서, 2주마다 한 번씩 마니또를 운영하기로 결정하였음. (단, 마니또를 하는 데 돈을 쓰는 행위는 절대 금지.) 또한, 남는 시간을 이용해서 선생님께 교실놀이를 부탁하고 우리가 서로 어울려 노는 시간이 있었으면 좋겠음.

환경부 청소 시간이 많이 부족해서, 일주일에 세 번 청소를 하는 대신, 나머지 이틀은 집에 가기 전에 미니빗자루로 자신의 자리를 쓸고 갈 것. 또한, 5교시와 6교시 사이 10분 쉬는 시간을 없애고 점심시간에 붙여서 청소 시간을 늘릴 예정.

학습부 기존의 종소리를 울려서 수업 시간을 알리는 정책을 폐지하고, 수업 시간 3분 전에 클래식 음악을 크게 트는 것으로 수정함. 음악을 크게 틀면 안 들릴 일도 없고 할리갈리 종소리랑 헷갈릴 일도 없음. 단, 수요일 하루는 클래식 음악 대신에 친구들이 듣고 싶은 음악을 신청받아 추첨해서 틀어주는 것으로 함.

정해진 정책들이 마냥 완벽한 것은 아니다. 아니, 어쩌면 완벽한 정책은 영원히 없을지도 모를 일이다. 그러나 이 정책들이 자신들이 약속했던 것들을 스스로 비판하고 자기가 하고 싶은 일들을 조금씩 양보하면서 만들어졌다는 것이 중요한 사실이다. 우리가 함께 살기 위해서는, 가끔은 모두를 위해 자기의 이익을 포기할 줄도 알고, 지름길을 포기하고 돌아갈 수도 있어야 한다. 난 아이들이 이 지혜를 스스로 깨달았으면 했다.

학급을 위해 하는 일이 많지 않아서 일을 나눠서 하고 싶다는 아이들, 돌아가며 쉬는 시간에 쉬지 않고 학급을 위해 점검이 역할을 자청한 아이들, 아이들끼리 친해질 수 있도록 학원 갈 시간을 쪼개서 마니또를 계획하겠다는 아이들, 10분의 쉬는 시간(특히, 점심을 먹은 후 5교시와 6교시 사이의 쉬는 시간은 정말 아이들에게 중요하다.)을 포기하면서까지 청소 시간을 늘리겠다는 아이들까지.

난 이 아이들이 학급을 위한 정책들을 만드는 동안, 은연중에 많은 것을 스스로 느끼고 배우고 있다고 믿고 있다. 교실자치 다음 날, 끝장회의를 펼치다가 학원에도 가지 못한 한 아이에게 점심을 먹다가 물었다.

"어제 남아서 무슨 얘기했어?"

"인성부 애들이랑 마니또 어떻게 할지 정했죠."

"그래서 다 정해졌어?"

"아뇨, 애들끼리 의견이 다 달라가지고요, 오늘도 해야 될 거 같애요."

"오래 걸리겠네. 인성부 활동 하는 거 귀찮지 않아?"

"재밌어요. 선생님 된 것 같은 기분!"

"으이구, 선생님이라도 그런 거 다 못 정하거든!"

"그건 맞아요! 이제는 애들 선생님이 하자고 해도 안 할걸요?"

점점 내 말은 귓등으로도 듣지 않는 아이들, 그래도 기분은 좋다.

가장 두려운 존재,
학부모?

내가 선생님이 되기 전, 가장 부담스러웠던 것은 동료교사도 아이들도 수업도 학급경영도 아니었다. 나를 가장 두렵게 만들었던 것은 '학부모'였다. 여기저기서 들려오는 흔히 얘기하는 치맛바람에 대한 이야기도 나에겐 참 큰 짐이 되었다. 또 나의 어린 나이가 학부모님들에게 불안함과 의심을 심어주지는 않을까 걱정되었던 것도 사실이다.

이 걱정들의 시작이 '숨겨진' 교실에 있다고 생각했다. 교실이라는 것은 참 폐쇄적이다. 교실 안에서 일어나는 일들은 담임선생님인 나와 학생만이 알 뿐 아무도 모른다. 물론 종알종알 학교에서 있었던 일을 털어놓는 친구라면 이야기는 달라지겠지만. 사실 고학년쯤 되면 종알종알 이야기하는 시기도 다 지난 상태다. 옆 반에 있는 선생님마저도 알아차리기 어려운 것이 바로 교실이다.

학부모들도 마찬가지다. 일 년에 두 번 정도 '학부모 공개 수업'이 있지만, 학부모들이 우리 교실을 이해하는 것에는 큰 어려움이 있다. 일 년에 두 시간만으로 어떻게 우리 교실을 이해하겠는가. 불가능하다. 난 그래서 교실에 대한 이해가 부족하기 때문에 교실과 학부모 사이에 오해가 생긴다고 생각했다. 그리고 그 오해는 내가 학부모를 막연하게 두려워하는 결정적 이유였다.

난 처음부터 교실의 문을 아주 활짝 열기로 마음먹었다. 교실을 스스로 공개하고 학부모와 소통하기로 말이다. 내가 선택한 소통의 방법은 두 가지였다. 일주일에 세 번 이상 교실 공개하기와 한 달에 한 번 교실 편지 보내기. 이 두 가지였다. 우리 반에 어떤 일이 일어나고 있는지, 어떤 수업을 어떻게 하고 있는지, 왜 내가 이렇게 교실을 운영하는지 설명하기 위한 통로였다.

매주 SNS를 통해 사진으로 수업을 공개했다. 특별한 무언가가 있는 수업이기도 했고 일반적인 수업이기도 했다. 그저 교실의 일상을 보여주는 것이었다. 실패한 수업도 성공한 수업도 공개되었다. 가끔은 한탄의 글을 올리기도 하고 가끔은 행복한 일들을 소개하기도 했다. 유쾌한 일들도 불쾌한 일들도 있었다. 성공한 수업, 행복한 일, 유쾌한 일을 공개할 때보다 실패한 수업, 한

탄스러운 일, 불쾌한 일을 학부모들에게 공개했을 때, 난 오히려
더 많은 힘을 얻을 수 있었다.

 고상훈
2015년 5월 27일 오후 7:26

23명이 읽었습니다.

아이들에게 선생님이
언제 제~일 수업하기 힘들게?
라고 물었더니 녀석들 이유도 불문
그냥 월, 화, 수, 목, 금이 다 나옵니다.

다른 선생님들께서는 어떤 생각인지
알 수는 없지만, 저는 개인적으로
월요일이 가장 힘이 드는 요일입니다.

주말동안 실컷 놀고 돌아온 아이들을
다시 학교로 교실로 끌어당기가
정말 어렵기 때문입니다.
이번 주는 더더욱 그렇습니다.
월요일이 심지어 석가탄신일!
3일이나 쉬고 오는 통에
아이들은 멍~ 다시 올 주말만 기다립니다.

아무리 재미있고 활동적인
수업을 구성해도 주말이
평일보다 더 기다려지는 건 어쩔 수 없으니까요.

아이들에게 어제 오늘 종례시간
화를 내고 말았습니다.
내심 아직도 주말에 있는 아이들에게
서운했기 때문입니다.
하지만, 저에게도 잘못이 있습니다.
오고 싶은 교실을 만들지 못하는 잘못이지요.

전 아직 많이 부족하지만, 꼭
'월요일마저 행복한 교실'을 만들고 싶습니다.
내일은 더 행복하고 웃음 넘치는 교실이
되기를 기대해 봅니다.

○○ 맘
힘내세요^^
2015년 5월 27일 · 😊 표정짓기

김○○
저도 월요일이 힘든 수업인데.....학교도 그렇군요^^ 힘 내세요.어른들도 그
런데 애들은 오죽 하겠어요~~가끔은 어른들이 욕심을 살짝 내려 놓고 다가
서다 보면 함께 서로를 이해하고 있을 때가 올 겁니다^^ 남은 시간 마음을 달
래 보시며 행복한 시간 되세요.
2015년 5월 27일 · 😊 표정짓기

김○○
선생님..힘내세요.. 열정은 모두를 변화시키지요..홧팅^^♡
2015년 5월 27일 · 😊 표정짓기

○○ 엄마
고생하십니다 ~^^ 아이들에 대한 열정과 애정이 아이들 모두가 좋아하는 선
생님을 만들었네요 ㅎㅎ
2015년 5월 27일 · 😊 표정짓기

○○ 맘
선생님~~화이팅이예요!!
2015년 5월 28일 · 😊 표정짓기

　그리고 나는 SNS 활동과 함께 매달 '교실 편지'를 보냈다. 내
가 새롭게 시작하는 학급 운영 방향이나 요새 고민하고 있는 일
들에 대해서 여과 없이 털어놓았다. 내가 어떻게 학급을 이끌고
있고, 왜 그렇게 학급을 이끌어가는지에 대한 나름의 변명이었
다. 또 학부모께서 알았으면 하는 내용을 편지에 담기도 했다.
상담을 오시는 학부모님들께서 잘 읽고 있다고 많이 배우고 있다
고 할 때마다 다음 달 교실편지에는 어떤 내용을 담을까 고민하
는 게 참 의미 있는 소통의 고민이라는 생각이 들었다.

'평가'에 대한 이야기

인도의 대입자격시험 날에는 시험을 보고 있는 자녀들을 위해 부모들이 고사장 벽을 기어 올라 컨닝 페이퍼를 전달하는 웃지 못할 풍경이 연출됩니다. 2층에 위치한 고사장은 높이가 5m가 넘어 떨어진다면 자칫 큰 부상을 입을 지도 모를 일입니다. 경찰이 지키고는 있지만 이미 부모들이 돈을 찔러준 덕분에 모른 척 해주기 일쑤입니다. 약 65%의 학생들이 아무런 죄책감 없이 컨닝을 한다고 합니다. 심각한 신분 제도인 카스트 제도가 사라진 인도에서 새로운 카스트 제도로 불리는 '시험'입니다.

한편, 같은 시대 프랑스에서는 매년 6월이면 바칼로레아(Baccalaureat)가 실시됩니다. 역시 대입자격시험입니다. 이 시험은 줄 세우기가 목적이 아닙니다. 합격과 불합격만 있을 뿐, 보기도 모범답안도 없습니다. 모든 문제는 주관식 논술로 이루어집니다. 20점 만점에 10점만 맞으면 합격하고 모두가 자신이 원하는 대학으로 진학할 수 있습니다. 바칼로레아의 합격률은 85%에 달한다고 합니다. 프랑스를 생각하는 국가로 만드는 힘이라고 불리는 '시험'입니다.

두 나라의 '시험'이라는 평가가 가지고 있는 가장 큰 차이점은 무엇일까요? 두 시험의 가장 큰 차이점은 평가의 목적입니다. 인도는 평가를 통해 아이들을 재단하고 순서를 매기는 일에 평가의 목적을 두고 있습니다. 반면, 프랑스는 평가를 통해 아이들의 사고력 증진시키는 것과 현재의 수준을 진단하는 것에 평가의 목적을 둡니다. 인도의 평가는 멈춰있는 '결과'이지만 프랑스의 평가는 움직이는 '과정'입니다. 평가는 '교육'이라는 몸통 자체를 흔드는 꼬리입니다. 인도와 프랑스의 수업을 한 번도 직접 본 적은 없지만 두 나라의 평가만 놓고 보더라도 인도의 수업과 프랑스의 수업은 전혀 다른 양상을 보이리라 생각됩니다.

우리나라는 어떨까요? 최근 일제형 시험을 없애고 '과정중심평가'로의 전환을 통해 평가의 과정으로서의 가치에 무게를 두고자 노력하고 있지만, 아직 결과 중심의 평가 사고에서 벗어나기에는 상당한 시간이 필요해 보입니다. 당장은 아이들이 못할 수 있습니다. 당장은 아이들이 두려워할 수 있습니다. 당장은 아이들이 좌절할 수 있습니다. 다만, 아이들은 무한한 가능성을 가지고 다시 시작할 수 있습니다. 아이들의 결과 대신 아이들의 가능성을 평가해주시고 믿어주시기 바랍니다. 믿어만 주면 상상 이상의 일을 해내는 것이 바로 아이들입니다.

OOO (1-9 OO)
과정에 촛점을 맞추도록 노력하겠습니다
알고 있으면서도 항상 놓치게 되네요^^;
2018년 4월 3일 · ☺ 표정짓기

교실을 열면 열수록 학부모에 대한 막연한 두려움은 바뀌어갔다. 이제 나에게 더 이상 학부모는 무섭거나 두려운 존재가 아니었다. 나를 지지해주고 이해해주는 사람들이며 나와 함께 교실을 만들어가는 사람들이 되었다. 소신을 가지고 숨겨진 교실 문을 열어 공개한다면, 학부모들과 선생님 그리고 학생 간의 거리는 점점 좁아질 수 있다고 굳게 믿는다.

"좋은 선생님이 되어주셔서 감사합니다."

"아이들을 위해서 노력하시는 선생님의 모습이 부모님들께도 전해진 듯합니다. 항상 감사 드립니다."

"선생님의 애쓰시는 노고에 한 마디 말로 이루 다 표현할 수 없겠지만 항상 감사합니다.~~^^ 존경합니다~~. 사랑합니다."

"우리 아이가 너무 좋으신 선생님 만나서 행복합니다."

"멋지고 좋으신 선생님을 만나 행운이었던 거 같아요!"

"아이들도 선생님도 너무 행복해보이네요. 아쉬운 마음이 드는 건 저만일까요? 한 해 동안 너무 감사했습니다."

"초등학생의 마지막 시간을 알차게 보내서인지 한 학기가 어느 해보다 빠르게 느껴지네요."

"선생님을 만나 알차고 주체적이고 책임감 넘치는 6학년을 보내고 있는 것 같아 제가 더 뿌듯하고 고맙게 느껴지네요."

- 학부모들이 남긴 댓글 중에서

정책을 둘러싼
아이들의 날선 갈등

교실자치로 교실의 모든 사항을 결정하면서 교실 살림을 꾸린 지도 4개월째. 확실히 불만과 실패가 많이 줄었다. 3월만 하더라도 꽉꽉 차 있던 건의함에는 요즘 먼지가 쌓인다. 재잘재잘 교실자치 언제 하냐며 나에게 따져 묻던 교탁 앞도 이젠 한산하다. 그렇게 점점 아이들은 스스로 교실을 만들어가는 일에 적응해가고 있었다.

그렇게 교실 정책들이 하나둘 안정기로 접어 들어가던 어느 날, 갑자기 내 교탁 앞이 소란스러워졌다.

"(울먹거리며) 선생님, 있잖아여. 인성부. 여자는 체크리스트에 안 적고 남자만 적어여."

"(어이없다는 표정으로) 아니에요. 쌤. 분명히 얘가 욕 먼저 썼대요.”

“(닭똥 같은 눈물을 떨어뜨리며) 아니거든은! 쟤가 먼저 욕 썼거든은!”

“(눈물에 당황한 듯 나를 보며) 쌤, 진-짜 아니에요.”

“(눈물을 훔치며) 그리고여. 있잖아여. 막 사소한 것도여. 적으니까여. 친구랑 뭘 할 수가 없어여.”

“(목소리를 높이며) 우리는 그냥 정책대로 하는 거거든!”

대체 ‘인성 체크리스트 정책’이 무엇인가. 인성부의 인성 체크리스트 정책을 요약하자면 이렇다. 인성부에는 직접 정한 학교생활과 관련한 몇 가지 약속들이 있다. 그리고 이 약속을 어기는 행동을 하면 체크리스트에 이름이 올라가는 것이다. 각종 고자질이 이 인성 체크리스트로 향한다고 생각하면 된다. 그렇게 하루에 두 번 이름이 올라간 친구에게는 반성문 한 장이 주어진다.

자신은 잘못이 없다고 주장하는 아이와 제보를 받았으니 인성 체크리스트에 이름을 올려야 한다는 인성부원 간의 갈등은 서로 굉장히 날이 선 상황이었다. 갑자기 갈등이 터진 건 아니었다. 꾸준히 불만을 가지고 있던 친구들이 기회를 엿보고 있다가 이 사건을 계기로 불만이 한꺼번에 터져 나온 것이다. 이 갈등은 결국 인성 체크리스트를 없애야 한다는 급진파와 유지하되 바꿔야 한다는 온건파, 그리고 인성 체크리스트는 꼭 유지되어야 한다는 보수파 세력으로 나뉘게 되는 결과를 낳았다. 분명한 것은, 다수의 의견은 정책의 '변화'를 요구하고 있다는 것이었다.

하지만, 정책이 중간에 바뀔 수는 없는 일이었다. 아이들이 이 정책을 바꾸기 위해서는 5월 말 교실자치를 기다려야만 한다. 나도 일단은 갈등 상황에 개입하지 않고 지켜보기로 결정했다. 조용했던 건의함이 가득 차 있었다. 열어보지는 않았지만, 인성 체크리스트와 관련된 건의임에 확실했다. 자신이 가진 달력에 5월 말 교실자치를 적어두는 친구도 보였다. 교실에는 알 수 없는 스산한 기운마저 감돌았다.

5월 말 교실자치 당일이었다. 개회되기 전, 정책에 관한 사전 투표가 열렸다. '감사부'의 정책에 따라 최고의 정책과 최악의 정책을 하나씩 투표하는 것이었다. 투표로 뽑힌 최고의 정책은 폐지나 수정이 불가능하고 반대로 최악의 정책은 어떤 방식으로든 수정을 하거나 폐지를 해야만 한다. 이변은 없었다. 최악의 정책에는 '인성 체크리스트'가 선정되었다.

이젠 정말 어쩔 수 없다. 인성부는 '인성 체크리스트' 정책을 유지하고 싶어도 반드시 개혁의 칼을 꺼내야만 한다. 인성부는 어떤 선택을 할까? 단칼이었다. 폐지. 자기들도 쉬는 시간 쪼개가며 인성 체크리스트를 운영하고 있는데, 욕까지 얻어 먹어가면서 하고 싶지는 않다는 것이 인성부의 중론이었다.

"인성부, 체크리스트 어떻게 하기로 했어?"

"폐지할 거예요."

"좋아. 그럼, 인성부가 우리 반의 바른 행동을 위해서 새로운 정책을 만들 거야?"

"근데 인성 체크리스트 말고 할 게 없어요."

"그럼 인성 체크리스트 정책을 수정해보는 건 어때?"

"뭐든 다 싫어할 거 같은데요, 쟤네."

"그래도 수정을 해보거나 새로운 대안을 만들어 봐. 그게 인성부가 할 일이니까."

사실, 나도 딱히 대안은 떠오르지가 않았다. 과연 모두가 행복할 수 있는 정책은 있을까? 결국 '인성 체크리스트'는 교실자치 시간 내에 의견을 모으지 못하고 '보류' 상태로 정책이 공표되었다. 이젠 인성부뿐만 아니라 모든 친구들에게 물음표로 던져질 시간이었다.

"인성부에서 발표하겠습니다. 인성 체크리스트 정책은 보류입니다. 혹시 인성 체크리스트에 대한 의견 있으시면 지금 발표해 주시기 바랍니다."

인성부의 말이 끝나기 무섭게, 인성 체크리스트 급진파들의 의견이 들끓었다. '그냥 우리의 양심에 맡기면 좋을 것 같습니다.', '인성 체크리스트 없어도 착하게 지낼 수 있습니다.', '진짜 상대

방이 기분 나쁜 경우에만 선생님께 데려갑니다.' 하지만, 큰 지지는 얻지 못하고 있었다. 대부분이 인성을 점검할 수 있는 정책의 필요성에는 동의를 하고 있었기 때문이다.

이렇게 급진파들의 의견이 지지를 얻지 못하자, 반대로 온건파들의 의견이 힘을 얻기 시작했다. '선생님이 체크리스트를 담당하시면 좋겠습니다.', '한 달 동안 한 번도 걸리지 않은 친구에게 상을 주어야 합니다.', '남자는 남자가 체크하고 여자는 여자가 체크해야 합니다.' 인성 체크리스트의 급작스러운 폐지보다는 순기능 강화와 공정함에 초점이 맞추어진 의견이었다.

30분간의 긴 의견 나눔 끝에, 결국 온건파의 의견이 지지를 받으며 선택되었다. 그렇게 인성 체크리스트는 '선생님께서 인성 체크리스트를 담당하되, 한 달간 한 번도 체크되지 않은 친구에게는 자유놀이 1시간을 제공한다.'로 소폭 개정되었다.

"결국 인성 체크리스트가 바뀌었다. 마음대로 되진 않았지만 후련하다."

"난 의견을 양보하지 않는 친구들 때문에 좀 화가 났다."

"인성 체크리스트를 반대만 했었는데, 체크리스트 말고는 할 게 없다."

"괜히 불만 말하다가 선생님이 직접 체크리스트를 하게 되었다.

망했다."

"인성부가 그동안 고생했을 거라는 생각이 들었다. 미안했다."

이번 교실자치는 단순히 정책을 만들어내고 조정하는 시간만이 아니었다. 단순히 내가 편한 정책, 나를 위한 정책은 환영받지 못했다. 반대로, 우리 반을 위해서 내가 조금 양보하는 정책은 많은 친구들에게 환영을 받았다. 친구들의 의견이 모아져서 서로 양보하고 조정해가며 모두가 다 행복할 수는 없을지라도 모두가 고개를 끄덕일 수는 있는 정책을 만들어 보는 경험. 내가 처음 인성 체크리스트를 둘러싼 갈등 상황에서도 적극적으로 개입하지 않은 이유는 이 때문이었다.

나중에, 또 다른 정책에서 같은 갈등 상황은 얼마든지 벌어질 수 있다. 다만 그때는 서로의 의견에 더 귀 기울이고 서로를 위해 양보하려는 현명한 자세를 미리 준비할 수 있을 것이라고 믿는다. 결국 갈등을 해결하기 위해서는 '나'가 아닌 '우리'를 생각해야 한다는 것을 말이다.

모두가 행복할 수 있는 정책은 있을까?
갈등을 해결하기 위해서는
'나'가 아닌 '우리'를 생각해야 한다.

최고의 정책

교실놀이 正下
학습노트 나눠주기 正
노래로 수업준비하기 正一
최고/최악의 정책 뽑기 T

최악의 정책

체육시간 줄세우기 T
인성 체크리스트 正正正正一
급식 선착순으로 먹기 一
월.수 미니청소하기 T

기억의 조각보
만들기

이 이야기는 2014년으로 돌아가야 한다. 담임선생님이 아니라 체육 전담 선생님으로 여덟 반의 아이들을 만나고 있을 때였다. 아이들과의 1학기 마지막 체육 시간, 한 학기를 정리하며 이런저런 얘기를 하던 중에 나는 아이들에게 정말 간단한(?) 물음을 던졌다.

"얘들아, 우리 한 학기 동안 어떤 체육 활동했는지 기억나지?"

아주 간단할 줄만 알았던 이 물음은 순간, 체육 경시대회 물음으로 변했다. 아이들은 서로 눈치만 볼 뿐 대답을 하지 못했다. 그때 정적을 깨는 대답. 축구요! 나 이것 참, 어떻게 반응을 해야 하나. 한 학기 동안 난 축구를 해본 적이 없는데 말이다. 하하. 그래, 이 반만 기억이 나지 않는 거겠지.

하지만 1반부터 8반까지… 모두 거짓말처럼 기억을 잃은 모양이다. 나는 아이들과 서로 애틋한 기억을 공유하려고 했는데 이건 뭐 나만 애틋한 기분이다. 오히려 이런저런 일들이 있었다고 설명을 해야 하는 판이라니 참 섭섭하기도 하고 한편으로 아이들에게 기억을 강요하고 있는 내 모습이 슬프기도 했다.

난 일방적인 짝사랑을 또다시 반복하지 않고 싶었다. 한 학기 동안 내가 아이들의 초상권 타령을 견뎌가면서 사진들을 찍은 이유였다. 두근두근 긴장감과 어색함의 3월, 아이들과 가장 힘들었던 4월, 가족과 함께해서 행복했던 5월, 아이들끼리의 미묘한 감정으로 참 복잡했던 6월 그리고 어느새 한 학기를 정리하고 있는 7월까지. 1,200여 장에 달하는 사진들은 우리의 시간들을 대변하는 매개였기 때문이다.

하루가 다르게 더워지고 있었던 7월, 오지 않을 것만 같았던 여름방학을 앞두고 있던 시간. 우리 반은 지금까지의 기억을 공유할 시간을 갖기로 했다. 우리 반 교실 바닥에 잠시 잊힌 기억들을 꺼내줄 400여 장의 인화된 사진들을 뿌렸다. 짝사랑이 아닌 온 쪽의 사랑을 바라면서.

| 첫 번째 시간 | 기억 더듬기

"자, 이제 여기에 뿌려진 우리 반의 사진들을 보면서 그동안 우리 반에서 어떤 일들이 있었는지를 기억해볼 거예요. 나에게 의미가 있는 사진들도 있을 테고, 다른 친구에게 보여주고 싶은 사진도 있을 겁니다. 기억을 꺼내는 이 시간은 자유예요. 서로 사진을 보여줘도 괜찮고 혼자 사진을 바라보고 있어도 괜찮습니다. 서로를 놀리려는 것이 아니라면, 기억을 꺼내기 위한 것이라면 뭐든 괜찮아요."

400장의 수많은 사진 속에서 아이들은 저마다의 기억을 찾기 시작했다.

"선생님! 우리 겨울옷 입을 때도 만났었어요!"

"그럼, 우리 처음 만났을 때는 목도리도 했었지."

"야! 너 반장 선거 나갔을 때다. 이때 나는 너 뽑았다."

"아, 이때 괜히 나갔어. 나 2학기에 반장 할 거야."

"유언장 쓸 때다! 이때 너 진짜 많이 울었었는데."

"야, 너는 안 울었냐! 그때, 다 울었지 뭐."

"이게 우리 반이 했던 첫 실험이야. 아직도 기억나. 우리만 망했거든."

"이야, 그걸 다 기억해? 대박."

먼지가 쌓여가던 기억들이 활력을 찾아가는 기분이었다. 400여 장의 기억들을 들여다보며 서로 웃고 떠들고, 친구들에게 보여주면서 나에게 쪼르르 가져오면서 그동안의 기억들을 다 같이 이야기하는 모습들이 참 좋았다. 은근슬쩍 나도 바닥에 앉아 사진들을 하나하나 들여다봤다.

| 두 번째 시간 | 기억의 조각보 만들기

"이제까지 기억을 찾는 시간이었다면, 이젠 자신에게 의미가 있는 기억들을 골라보는 시간이에요. 이 많은 사진들 중에서 자기가 생각하기에 의미가 있다고 생각하는 사진을 네 장만 골라서 가지고 오세요. 그리고 그 네 장의 사진은 우리가 이제 만들 기억의 조각보의 재료가 될 거예요."

'시작!'이라고 외친 순간, 마치 급식실로 달려가는 학생들처럼 아이들이 사진으로 쪼르르 달려들었다. 네 장의 기억들은 기억의 조각보 재료로 쓰일 계획이었다. 자신이 고른 기억들을 한 손에 꼭 쥐고 있는 모습이 참 귀엽다. 나를 마지막으로 우리 반의 모든 친구들이 기억을 골랐다.

밀어두었던 책상들을 다시 원위치로 옮기고서 아이들은 자신들이 직접 고른 네 장의 사진들로 기억의 조각보를 만들기 시작했다. 사실 조각보라는 게 거창한 건 아니다. 그저 네 조각의 사진들을 이어붙이면 그만이다. 하지만 자신이 고른 기억들을 하나로 이어보는 활동이 한 학기 동안의 기억들을 더 짙게 만들 수 있다고 믿었다.

　기억의 조각보는 방학식 날에, 아이들과 악수를 하며 하나하나 돌려주었다. 조각보의 밑에는 아이들에게 보내는 나의 작은 편지글도 담겨있었다. 자신들의 조각보를 보며 미소 짓는 모습을 보니 아마 이번에는 다행히도 짝사랑이 아닌 듯싶다.

'조각보 만들 때 우리 반 단체 사진을 네 개나 골랐다. 무슨 사진을 고를까 고민했는데 그냥 우리 반이 좋아서 단체 사진을 네 개나 골랐다. 재밌었던 것 같다.'

'선생님이 맨날 사진 찍어서 그런지 선생님 사진이 없었다. 방학 동안 선생님 얼굴 까먹으면 어떡해요?'

'기억의 조각보라는 걸 만들었는데 그동안 이렇게나 많은 일들이 있었다는 게 놀라우면서도 헤어진다는 생각에 좀 섭섭하다.'

- 방학식 날 아침 글쓰기 중에서

400장의 수많은 사진 속에서 아이들은
저마다의 기억을 찾기 시작했다.

자신들의 조각보를 보며 미소 짓는 모습을 보니
아마 이번에는 다행히도 짝사랑이 아닌 듯싶다.

2학기의
시작

교실에 들어섰다. 5개월 동안이나 아이들과 함께 지내던 교실인데도 8월 한 달이 채 안 되는 시간 동안 방학했다고 참 낯설게 느껴진다. 구석에는 그새 먼지도 내려앉았고, 텅 비어버린 교실은 허무한 기운마저 감돌고 있었다. 먼지가 쌓인 내 명찰을 집어 들고서야 내가 이 교실의 담임선생님임을 실감했다.

간신히 정신을 차리고서 책상 줄을 맞추기 시작했다. 그제야 책상 사이를 오가며 장난치던 아이들이 떠올랐다. 개학 첫날 시간표를 교실 칠판에 붙이다 보니 문득, 아이들과 수업을 하던 때가 눈에 선했다. 비어있는 신발장은 아이들이 체육 시간, 자기 먼저 운동장에 나가겠다며 서로 밀쳐대는 장면을 머릿속에 희미하게나마 그리게 하고 있었다. 먼지는 교실에만 내려앉은 것이 아니었다.

사실, 2시 반이 되고 수업이 끝나고 나서도 지금처럼 교실은 텅 비기 마련이다. 그런데 한 번도 지금처럼 아이들이 빠져나가 텅 비어 있는 교실이 허무하다고 느껴본 적은 없었다. 똑같이 비어있는 교실이지만 지금 더 허무함을 느끼는 것은 아마 아이들과의 내 기억에도 먼지가 쌓였기 때문이라는 생각이 들었다.

분명 아이들의 기억에도 한 달간의 먼지가 소복이 쌓였을 것이다. 이 먼지를 툴툴 털어버리는 것으로 2학기를 시작해야겠다고 생각했다. 아이들과 내가 다시 행복했던 우리 반을 즐겁게 떠올리면서 시작할 수 있게 말이다.

개학을 하루 앞둔 아이들 책상에는 활동지 하나가 놓였다. 아주 간단한 활동이었다. 우리 반 친구를 한 명 한 명 만나 악수를 하고 인사를 건넨 뒤에 사인을 받으면 된다. 물론 내 이름도 있다. 우리 반 구성원 모두에게 인사를 하고 사인을 받고 나면, 그걸로 활동은 끝이다.

오지 않을 것 같았던 개학 날 아침. 복도 끝에서부터 시끌시끌한 게 우리 반이 '분명'하다. 다른 반은 앉아서 조용히 독서를 하고 있을 텐데 말이다. 문을 열고 들어가니 아이들이 이리저리 돌아다니며 친구들에게 인사를 건네고 있었다.

"안녕! 진주야, 우리 악수하자!"

"그래, 안녕!"

악수를 나누는 두 친구 사이에 웃음이 쏟아진다. 인사를 건네고 악수만 할 뿐인데 뭐가 그리 재밌는지 '꺄르르꺄르르' 웃음이 끊이질 않는다. 내가 오랜 친구를 마트에서 우연히 만난 반가움 같은 걸까? 아니면, 몰라보게 달라진 친구가 나를 먼저 알아보고 인사를 건네는 당황스러움 같은 걸까? 어쨌든, 아이들 얼굴에는 웃음꽃이 활짝 피고 있었다.

"선생님, 안녕하세요! 우리 악수해요!"

"그래, 성진이 그동안 잘 지냈어?"

"네! 선생님은요?"

"잘 지냈지! 선생님은 방학 동안 태국 다녀왔어!"

"우와, 근데 태국이 어디예요?"

그냥 단순하게 인사를 나누고 사인만 받는 것은 아니었다. 방학 동안 했던 일, 머리 스타일은 왜 이렇게 했는지, 뭘 먹고 갑자기 이렇게 키가 컸는지, 왜 이렇게 새까맣게 타버렸는지. 아이들은 서로에게 자연스럽게 말을 건네면서 대화를 나누고 있었다. 아이들이 서로의 기억들에 쌓인 먼지를 털어내는 순간이라고 생각했다. 시끌시끌한 아이들이 가득 차 있는 교실에는 행복함이 가득 피었다.

그렇게 어느 정도 서로 인사들을 나누었는지, 대부분이 TV 화면을 보며 자리에 앉아 있었다. 이제 학교 방송으로 개학식이 시작될 무렵이었다. 그런데 갑자기 이게 웬일? 아이들이 일제히 일어나더니 신발장으로 달려 나갔다. 그렇게 개학 첫날부터 지각한 친구의 때아닌 팬 사인회(?)가 열렸다. 개학식 시작한다고 아이들을 겨우겨우 뜯어말리고 자리에 앉히고서야 완전히 제정신을 차릴 수 있었다.

"설마 선생님 이름 까먹은 사람은 없겠죠? 우리 반으로 다시 돌아온 걸 환영합니다!"

드디어 방학식이다.
100일이라는 시간이
언제 흘러갔는지
돌이켜 보면, 정말 빠르다.
잘 쉬고 잘 놀고
건강하게 다시 만나자~

하루 종일
야외에서 수업하기!

영화 〈버킷리스트〉를 시청했다. 말 그대로 죽기 전 두 인물의 멋진 인생 마무리를 보면서 우리도 해보고 싶은 일을 정해보기로 했다. 단, 이번 해가 끝나기 전까지 해보고 싶은 일을 정해보고 꼭 해보는 것으로 말이다.

"뭐든 상관없을 것 같아요. 대신에, 할 수 있을 만한 일이었으면 좋겠어요. 예를 들어, 세계 여행 가기를 정하면, 사실 이번 해가 지나기 전에 하기엔 어려움이 있을 거예요. 그러니까 진짜 할 수 있을 만한 일, 대신 정말 해보고 싶은 일을 정해보는 거예요."

"선생님도 해요?"

"음⋯. 선생님도 버킷리스트를 정해서 꼭 해보도록 할게요."

수많은 생각에 사로잡힌다. 뭘 해볼까, 이번 해가 가기 전에.

아이들이랑 같이 할 수 있는 거면 좋을 것 같은데 말이지. 아이들과 주말에 놀러 가볼까? 아니야, 아니야. 요샌 안전 문제 때문에 어려움이 많을 것 같아. 그럼 다른 반이랑 간이 체육대회를 벌여볼까? 음… 이것도 1학기 때 했던 건데 말이지. 아, 그래! 예전부터 해보고 싶었던 '하루 종일 야외 수업'을 해보는 거다. 종일 밖에서 아침 인사부터 종례까지 말이다.

"선생님 버킷리스트는 '하루 종일 야외 수업하기'예요. 언제가 될지는 모르겠지만, 지켜보도록 노력하겠습니다!"

"와! 진짜 재밌겠다!"

아이들 반응도 좋다. 괜히 신이 난다. 하지만 그렇게 버킷리스트를 정해보는 수업을 마치고 나니 대부분의 버킷리스트가 그러하듯이 내 기억에서도 스멀스멀 잊혀갔다. 며칠이 흘렀을까, 한 아이가 내게 버킷리스트에 대해 물어왔다.

"선생님, 우리 야외 수업 언제 해요?"

아차, 불현듯 나의 버킷리스트가 생각이 났다.

"아… 맞아! 야외 수업… 해야지. 이번 달 안에 할 거야!"

"야, 야! 이번 달에 야외 수업 할 거래!"

"오! 선생님 정확히 언제 할 건데요?"

"음… 그건… 비밀이지!"

아이들의 반응이 갑자기 부담으로 다가왔다. 아이들도 스스로 정한 버킷리스트를 한두 명씩 지키고 있는 마당에 내가 버킷리스트를 무를 수도 없고. 좋다, 어쩔 수 없다! 까짓것 하루 종일 야외 수업, 준비해보는 거다.

> [야외 수업 시간표]
> 1교시: 도덕(전담 수업)
> 2교시: 수학
> 3교시: 창체
> 4교시: 체육(전담 수업)
> 5·6교시: 미술

2교시 수학 시간, 1교시 전담 수업을 교실에서 마치고 운동장으로 달려 나온 아이들은 야외 수업으로 한껏 들떠있었다. 내 손에는 여러 가지 입체 도형들이 들려 있었다.

"오늘 수학 시간은 여러 가지 입체 도형에 대해서 배워보는 시간을 가질 거예요. 세 가지 입체도형을 가지고 왔는데, 오늘은 남자, 여자 팀으로 나눠서 선생님이 표시한 저 지점을 향해 물건을 굴려서 정확히 집어넣으면 됩니다. 집어넣고 나면 다음 주자에게 입체 도형을 넘겨주면 되겠죠? 그렇게 세 가지 입체도형을 모두 굴려보고 2번의 승리를 거둔 팀이 이기는 수학놀이입니다."

주변에서 볼 수 있는 원기둥(원통 모양의 물티슈), 원뿔(고깔), 구(축구공)를 구해다가 굴려보는 활동을 하기로 했다. 정해진 지점을 향해 굴려서 정확히 들어가면 성공이다. 빗나가면 빗나간 자리에서 다시 지점을 향해 굴리면 된다. 입체도형들을 굴려보면서 각각의 특징을 생각해보는 시간인 것이다.

너무 잘 굴러서 문제인 축구공, 원뿔의 꼭짓점을 축으로 빙글빙글 돌기만 하는 고깔, 잘 구르긴 하는데 제멋대로인 물티슈까지, 꽤 쉬울 것 같았던 굴리기 대회였는데 아이들은 꽤나 당황한 눈치였다. 결과는 축구공과 고깔을 잘 굴린 여학생 팀의 승리!

"제일 잘 굴렀던 입체도형은 뭐였죠?"

"축구공이요!"

"너무 잘 굴러서 문제였죠? 이 축구공같이 둥글게 생긴 입체도형을 우리는 이제부터 '구'라고 부를 거예요. 두 번째로 잘 굴렀던 입체도형은 뭐였죠?"

"물티슈요!"

"물티슈는 굴려보니 어땠어요?"

"세우면 안 구르고 눕히면 축구공처럼 제멋대로 가버려요."

"맞아요. 이렇게 물티슈처럼 기둥처럼 생겼는데, 밑면이 원인 입체 도형을 '원기둥'이라고 해요. 마지막으로 제일 잘 못 굴렀던 건 뭐였죠?"

"고깔이요!"

"고깔은 어떻게 굴렸어요?"

"빙글빙글 돌기만 해요."

"하하, 맞아요. 고깔처럼 밑면이 원인데 뾰족한 모양으로 생긴 입체 도형을 우리는 '원뿔'이라고 부를 거예요."

오, 나름 야외에서의 수학 수업, 재미있고 흥미롭게 된 것 같아서 기분이 아주 좋았다. 2교시가 끝이 났다. 중간놀이라고 밖으로 나가 놀라고 할 필요도 없다. 이미 우리는 밖이니까.

3교시가 시작될 무렵, 다른 반 학생들은 죄다 학급으로 돌아가는데, 우리 반은 운동장으로 다시 모여든다. 3교시는 창의적 체험활동이다. 우리는 자율활동으로 교실자치 활동을 하는데, 인성부의 제안에 따라 '모두가 친해질 수 있는' 교실놀이를 일주일에 한 시간씩 운영하고 있다. 특별히 오늘은 야외 수업을 위해 '운동장놀이'를 하기로 했다.

"3교시에는 인성부 교실놀이 대신, 운동장놀이를 하도록 할게요. 홀수, 짝수 팀으로 나뉘어서 줄넘기 빙고를 진행할 거예요. 먼저 두 줄의 빙고를 완성하는 팀이 점심 먼저 먹을 거예요!"

각 번호에 쓰여 있는 줄넘기 미션을 수행하면 빙고 칸을 차지하고 두 줄 빙고를 완성하면 승리를 하는 간단한 줄넘기 빙고 놀이다. 보기엔 만만해 보여도 줄넘기를 많이 해야 해서 꽤 많은 체력이 요구된다.

"15번!"

"여학생 모둠발 뛰기 대결이에요."

"자, 여학생들 모두 나오세요."

"아… 또 뛰어요? 완전 지친데."

말은 이래도 다들 시작 호루라기 소리만 들리면 이를 악물고 뛴다. 엎치락뒤치락하더니 홀수 팀이 간발의 차로 승리를 거두었다. 특별히 오늘 급식은 홀수가 먼저 먹기로 했다(원래는 선착순으로 점심 식사 순서가 정해진다.).

4교시 체육관에서 체육 전담 수업을 마치고 다 같이 점심을 먹고, 다시 우리는 수업을 위해 운동장에 모였다. 이번에는 죄다 가방도 싸들고 나왔다. 집에 갈 준비 이미 완료다. 종례도 운동장에서 하게 될 테니까 말이다. 야외 수업의 마지막 5·6교시는 미술 수업이다. 요새 한창 배우는 수채화를 활용해서 우리 학교 전경을 수채화로 나타내는 미술 활동이었다. 옹기종기 모여서 원하는 장면을 그릴 수 있도록 했다. 우리 학교 전체가 교실이었다.

"어디든 상관없어요. 그리고 싶은 곳이 잘 보이는 곳에 앉아서 스케치북에 밑그림을 그리고 수채화로 칠해볼 거예요. 6교시가 끝나기 전에 모여서 친구들 작품을 감상할 거니까, 선생님이 부르면 마무리를 하지 못해도 모이도록 해요!"

　몇몇은 미끄럼틀에 모여 앉고 또 몇몇은 구령대에 자리를 잡고, 몇몇은 스탠드에 앉아 학교 정문을 바라보고 있었다. 수채화 기초 수업을 미리 해두었던 터라, 아이들이 꽤 자연스럽게 수채화를 그리고 있었다. 아이들 그림을 하나하나 봐주고 도와주느라 운동장을 빙빙 도는데 교실이 작아야 지도가 편하긴 하겠구나 싶었다(3·4교시만 3천 보를 걸었다.).

　아이들이 모였다. 지금까지 그린 작품을 한데 모아 보기 위한 모임이었다. 바람도 불고 스케치북을 고정하기도 조금 어려워서 삐뚤삐뚤한 그림들이 많았다. 그래도 아이들은 싱글벙글이다. 새로운 환경에서 그림을 그렸다는 것만으로도 아이들은 행복한 모양이었다. 한창 일탈을 즐길 나이니까 말이다.

　"자, 오늘 야외수업은 이렇게 끝이 났습니다! 즐거웠죠?"

　"네! 다음에 또 해요!"

　"크크, 그건 좀 생각해보고. 선생님에게도 의미 있는 수업이었던 것 같아요. 오늘은 이렇게 운동장에서 인사하도록 하겠습니다. 오늘 재미있게 수업에 참여해줘서 정말 고마워요. 그럼 반장, 인사!"

　"모두 차렷, 선생님께 인사!"

　"안녕히 가세요."

　학년말에 아이들에게 가장 기억에 남는 우리 반의 기억을 물

었더니 3분의 1이 '하루 종일 야외 수업'을 꼽았다. 아이들에게
참 특별하면서도 재밌는 날이었나 보다. 나에게도 정말 특별한
날이었다. 아이들과의 약속을 지킨 날이자 나의 버킷리스트를
이룬 날이었고 내가 오래전부터 생각했던 하루 종일 야외 수업
을 해본 날이기도 했기 때문이다. 아이들도 내가 버킷리스트를
지키는 모습을 직접 지켜봐서인지 한 친구도 빠짐없이 그날 정
했던 버킷리스트를 한 해가 가기 전에 모두 한 가지씩 해냈다.

4일간의
반성문

호진 야, 여기 있는 내용 밖으로 나가면 씨X 죽는다.

해진 잘 들어. 준서가 존X 불쌍해서 하는 이야기니까.

준서 뭐가?

해진 가은이 그 X 창수랑 바람난 듯?

성주 씨X 뭐라고?

해진 창수하고 가은이하고 손잡고 다닌대. 가슴도 막 만지고.

인혁 원래 창수 그 새X 존X 변태임.

호진 야 그러니까 준서 너 가은이랑 빨리 깨져.

준서 존X 짜증난다.

인혁 아 준서 X불쌍해.

아이들끼리 문제가 있다는 소식을 듣고, 단체 채팅방을 읽는데 아무래도 이건 내 눈을 의심해야겠다. 오고가는 욕설에 우리 반의 다른 친구를 향하고 있는 근거 없는 악소문. 이게 정말 우리 반 아이들이 나눈 대화라고? 도저히 믿을 수도, 아니 믿고 싶지도 않다. 이럴 때일수록 침착해야 한다. 으아, 그런데 이건 정말, 정말이지 화가 참아지지 않는다.

A4용지에 적어낸 사건의 전말은 더더욱 황당하기 그지없다. 준서와 가은이가 사귀고 있는데, 창수와 바람이 났다며 이야기를 시작했던 해진은 이 이야기가 아무런 근거도 없는 단지 '자신이 만들어낸 헛소문'이라고 진술했다. 준서를 비롯한 나머지 인혁, 호진, 성주는 이 헛소문에 진위 여부 파악도 없이 홀라당 넘어가 창수와 가은이를 싸잡아 욕하기 시작했던 것이다. 심지어 오늘부터는 창수를 따돌리기로 했다고 한다.

30분을 싸늘한 분위기 속에서 아이들을 쏘아붙였다. 아이들은 차가운 복도 벽에 붙어 고개를 숙인 채, 땅만 바라보고 있을 뿐이다. 나도 방금 내가 무슨 말을 했는지 기억이 잘 나지를 않는다. 그저 복잡한 생각을 부여잡고 있을 뿐이다. 2교시 수업을 도저히 진행할 수가 없었다. 아이들에게 이해를 구하고, 혼자 앉아 생각을 정리하기 시작했다.

그동안 아이들이 익숙해진 반성의 알고리즘을 깨야 할 필요성을 느꼈다. 그동안의 반성의 시간은 잘못한 일이 생기면, 먼저 선생님에게 꾸중을 듣고 반성문을 쓴 뒤에 부모님의 확인을 받은 후 선생님이 내린 벌(청소하기, 명심보감 쓰기 등)을 받으면 되는 구조였다. 하지만 이 반성의 알고리즘은 아이들의 진정한 반성과 다짐을 이끌어 내기에는 두 가지 분명한 문제가 있다.

우선 기존의 반성의 시간에는 '대화'가 없다. 그저 가만히 선생님이 시키는 일에 쏟아내는 말들에 순응하면 된다. 잘못을 했기에 묵묵히 반성을 하는 것도 맞지만, 대화 없이 진행되는 반성의 시간이 과연 아이들에게 어떤 의미로 다가갈지는 생각해 볼 필요가 있다. 둘째, 반성의 시간에 '배움'이 없다. 그 대신 엄중한 벌만 기다리고 있을 뿐이다. 벌은 문제 행동을 제거하는 것에는 효과적이겠지만, 반대로 선한 행동을 불러일으키기에는 어려움이 있다.

"담임으로서 본 문제를 그대로 방치해두면, 앞으로 또다시 이와 같은 일이 발생할 수 있다고 생각을 하고 있습니다. 그래서 이번 한 주간 방과 후 3시 30분까지 학교에 남겨 함께 저와 직접 대화를 나누며 친구 관계에 대한 상담과 더불어 언어 순화 교육을 하고자 합니다. 이번 주만 양해해 주신다면, 모두가 행복하고 서로를 배려하는 우리 반을 만드는 데에 큰 도움이 될 것으로 믿고 있습니다."

일단 각 학부모님들께 양해를 구하는 편지를 동봉하여 보냈다. 반성문과 벌 대신에 아이들과 함께 상담을 벌일 계획이었다. 무려 4일 동안 말이다. 반성의 시간이 '대화'와 '배움'으로 가득 차기를 바랐기 때문이다. 4일 동안 아이들은 어떤 반성의 시간을 보냈을까?

| 반성 첫째 날 | 마음 다스리는 시간

호진, 해진, 준서, 성주, 인혁 다섯 명의 아이들은 명심보감을 받아들었다. 하지만 그동안 '벌'의 일종으로 명심보감을 쓰던 것과는 조금 다르다. 아이들은 열 개의 문장 중에서 자신의 마음에 가장 와 닿는 문장 세 개를 골라야 했다. 자신이 직접 고른 세 개의 문장을 열 번씩 총 서른 번을 쓰면 되는 시간이다. 아이들은 자신이 직접 고른 문장을 쓰며, 스스로 마음을 다스리고 자신의 행동을 되돌아볼 수 있는 기회를 가지게 되었다.

처음 악의적인 소문을 만들어냈던 해진이는 '남의 착한 것을 보고서 나의 착한 것을 찾고, 남의 악한 것을 보고서 나의 악한 것을 찾을 것이니 이와 같이 함으로써 바야흐로 유익함이 있을 것이니라.'라는 문장을 골랐고, 소문에 휩쓸렸던 인혁이와 호진이는 '남의 허물을 듣거든 부모의 이름을 듣는 것과 같이하여 귀로 들을지언정 입으로는 말하지 말 것이니라.'를 골랐다.

| 반성 둘째 날 | 감정을 해소하는 시간

다섯 명의 아이들과 나는 서로 마주 보며 모여 앉았다. 오늘은 서로에게 '미안함'을 전달하는 시간이다. 나를 포함한 우리 여섯 명은 서로의 감정을 해소할 필요가 있었다. 주고받은 말들과 욕들로 각자 상처를 받았기 때문이다. 서로에게 사과하고 용서하며 자신에게 쌓여있는 감정들을 해소하는 것이 이번 시간의 목표였다. 내가 먼저 아이들에게 '미안함'을 전했다.

"선생님이 너희들을 혼내면서, 너무 화가 많이 났던 것 같아. 그래서 선생님도 모르게 너희들에게 상처가 되는 말도 했던 것 같고. 정말 미안하다."

내가 전달한 미안함에 아이들은 대답 대신 자신이 가지고 있던 미안한 마음들을 하나둘 털어놓았다. 주고받는 미안함에서 어느 정도 아이들도 나도 서로 묵혀두었던 감정들을 하나씩 해소하고 있었다.

"선생님, 속 썩여서 죄송해요."

"애들아, 내가 이상한 소문 만들어 가지고 너네까지 괜히 혼나게 돼서 미안해."

"이상한 소문만 믿고 우리 반 친구의 뒷담화를 해서 미안해요."

"창수를 따돌리려고 했던 거 정말 미안해요."

"우리 때문에 가은이가 마음 아파하고 있어서 미안해요."

"내가 너네까지 메신저에 초대해 가지고 뒷담화해서 미안해."

"성주야, 내가 너한테 욕해서 미안해."

{ 둘째 날 소감문 중에서 }

'미안해'라는 말이 가지는 의미가 뭘까?

"남이 잘못한 일을 이해해주고 나의 잘못을 스스로 깨우치는 것이다."

"진심으로 미안한 마음을 전달하는 것이다."

| 반성 셋째 날 | 욕에 대해 이야기하는 시간

방과 후 다섯 명의 아이들이 또다시 모였다. 셋째 날은 자신이 했던 행동과 말을 스스로 돌아보는 날이다. 우선 '욕'에 대한 이야기를 꺼내기로 했다. 나도 꺼내기 어려운 이야기였지만, 아이들에게는 이미 습관이 되어 버린 욕은 분명 대화가 필요한 부분

이다. 나는 아이들에게 욕의 목적을 물었다. 돌아오는 대답은 '그냥요.'

'그냥'이라. 추임새처럼 나오는 욕들에 대해 알려줄 필요가 있었다. 나는 아이들의 단체 채팅방에서 가장 많이 등장했던 욕 세 가지의 숨은 뜻을 알려주었다. 아이들은 입을 벌린 채 내가 준비한 프레젠테이션을 보고만 있다. 아마도 게임 속에서 혹은 메신저에서 너무나 쉽게 보낼 수 있는 욕들이 얼마나 힘겨운 의미를 가지고 있는지 처음 알게 된 순간이기 때문일 것이다.

"우리가 '그냥' 욕을 쓰기에는 너무 힘겨운 의미를 담고 있지? 그런데 오늘 이 이야기를 듣고 오늘부터 나는 욕을 쓰지 않겠다고 다짐해도 그렇게 하지는 못할 거야. 나는 너희들이 한번에 변하기를 원하지 않아. 그럴 수 없다는 걸 누구보다 더 잘 알기 때문이지. 하지만 오늘이 계기가 되어서라도 스스로 변하기 위한 노력을 하면 좋을 것 같아."

{ 셋째 날 소감문 중에서 }

욕에 대한 나의 생각이 어떻게 바뀌었나요?

"뜻을 알고 나니 너무 심해서 충격을 먹었다. 다른 욕들도 심한 뜻일 것 같다."

"욕이 너무 싫어졌다. 한 번에 바뀔 수는 없겠지만, 노력하고 싶다."

"욕을 아무렇지도 않게 얘기했었다. 절대 쓰지 않고 싶다."

| 반성 마지막 날 | 마음을 전달하는 시간

마지막 날. 아이들의 책상에는 편지지 두 장과 그동안의 생각을 정리할 수 있는 A4 용지 한 장이 놓였다. 편지지 두 장은 창수와 가은이를 위한 것이었고, A4 용지는 본인을 위한 것이다.

"편지지 두 장에는 창수와 가은이에게 하고 싶은 말을 적어서 몰래 사물함에 넣어둬. 그리고 A4에는 그동안의 시간을 떠올리면서, 자신의 소감을 스스로 정리해보면 돼. 강요는 절대 아니야. 전할 마음이 있다면 글에 담아서 보내면 되는 거야."

오늘 쓴 편지에 대해서는 내가 따로 확인을 하지는 않을 거라고 약속했다. 그래서 아이들의 편지에 얼마나 진심이 담겨 있는지는 여전히 확인할 방법이 없다. 다만 아이들의 소감문을 통해서, 편지에 담겨 있을 진심을 조금은 엿볼 수 있었다.

{ 넷째 날 소감문 중에서 }
이번 일을 겪으면서 나 자신에게 편지 쓰기

"내 몸아 미안하다. 내가 잘못된 판단으로 이렇게 되었어.

대신, 기운 내자, 알겠지? 앞으로도 좋은 일 많이 생기자. 그러면 좋겠어."

"준서야! 이제부터는 욕도 많이 줄여가자.

그리고 화도 조절 잘하고 판단도 제대로 하자.

특히, 친구들에게 잘하자!"

"친구 몰래 뒷담화를 하지 않았더라면 이런 일은 없었을 거야.

다음부터는 신중하자!"

"정말 모두에게 미안하다. 나 자신에게도 후회가 된다.

지난 4일 동안 안 좋은 감정도 다 털어내서 마음도 한결 가벼워진 것 같다.

이 시간들이 하나도 아깝지 않다."

4일이라는 시간 동안 아이들에게는 '벌'도 없었고 '반성문'도 없었다. 대신 '대화'와 '배움'으로 채운 시간에서 나는 아이들 스스로 만든 작은 변화를 느끼기에 충분했다. 다섯 명의 친구들과 창수 그리고 가은이도 모두 예전으로 돌아간 것처럼 보인다. 어쩌면 다섯 명의 아이들은 4일 동안이나 반성문을 적은 것일지도 모르겠다. 하지만 분명한 것은, 반성의 시간을 단순하게 벌을 주는 시간으로 생각했던 나 자신에게도 그리고 잘못된 행동으로 친구와의 관계에서 문제를 일으켰던 아이들에게도 스스로를 돌아볼 수 있는 기회를 열어주는 소중한 시간이 되었다는 것이다.

/
4일이라는 시간 동안
아이들에게는 '벌'도 없었고
'반성문'도 없었다.
/

12. 2(수)
어제 일이 아직도 기억난다
지금은 바꾸기는 힘들겠지만
점점 노력하여 바꾸고싶자

첫 번째 교실자치
그리고 7개월 후

3월, 우리 반 '교실자치'의 역사적인 첫 출발을 알렸던 날이다. 우리 반의 모든 것들이 결정되는 데에 딱 4시간이 걸렸다. 1교시부터 6교시까지 쉬는 시간도 없이. 아이들끼리 많은 말들이 오고 갔고 긴 시간 끝에 우유를 가져오는 방법부터 청소 순서, 급식을 먹는 순서까지 스물일곱 개의 정책들이 시작되었다.

그러나 네 시간이나 걸려 만든 이 스물일곱 개의 정책들은 아이들로부터 수많은 건의를 받았다. 각 정책들에는 장점도 단점도 있었고, 교실에 절실히 필요하지만 아직 만들어지지 않은 정책들도 있었으며, 불필요한 정책들이 버젓이 있는 경우도 있었다. 아이들은 스스로 정책들을 하나하나 다듬어야 했다. 그렇게 스물일곱 개 정책들은 '네 시간'이 아닌 '7개월'이라는 시간을 부여받았다.

7개월이라는 시간이 지난 11월, 교실엔 스물일곱 개의 정책 대신 서른한 개의 정책이 운영되고 있었다. 3월의 스물일곱 개 정책 중에서 멀쩡히 살아남은 정책은 단 2개. 스물일곱 개의 정책이 7개월이라는 시간을 보내는 동안 도대체 어떤 이야기가 있었던 것일까?

급식 검사, 선생님이 해주세요!

첫 교실자치에서 인성부는 자신들이 직접 급식 검사를 하겠다는 정책을 제안했다. 급식 검사를 아이들이 직접 하게 되면 얼마나 좋은가? 어쩌면 선생님이 맡아서 하는 것보다 급식을 덜 먹어도 될 테니까 말이다. 아니나 다를까, 인성부가 급식 검사 정책을 발표하자마자 아이들은 폭발적으로 환영했다. 급식 검사는 그렇게 인성부의 몫으로 돌아갔다.

하지만 이 정책은 채 두 달을 가지 못했다. 5월의 교실자치에서 급식 검사는 나에게 넘어왔다. 인성부가 해당 정책을 수정한 이유는 단 한 가지였다. '급식 검사를 담당하는 학생의 점심시간이 침해받고 있다.'였다. 우리 반에서 두 명이 고생해준다면, 조금 너 편한 점심시간이 될 테지만, 인성부는 (두 명을 제외한) 모두의 편리함 대신 두 명의 점심시간을 찾아주었다.

누군가는 실망해야 하는 일은 하지 말자

4월, 감사부는 부서별 정책을 평가하기 위해 매월 교실자치마다 '최고의 정책'과 '최악의 정책'을 투표하자는 정책을 제안하였다. 최고의 정책은 수정이나 폐지가 불가능하고 최악의 정책으로 뽑힌 정책은 어떤 방법으로든 수정이나 폐지를 해야만 했다. 그렇게 4개월 동안이나 이 정책은 계속되었다.

그러나 돌연 이 정책은 수정을 발표했다. 최고의 정책을 선정하는 것은 그대로였지만, 최악의 정책은 더 이상 뽑지 않기로 한 것이다. 이유는 간단했다. 최악의 정책을 선정하는 것은 비록 최악의 정책으로 뽑힌 정책이지만 애써 만든 부서에게 오히려 실망감만 키워준다는 점이었다. 정책에 불만이 있으면 건의함을 통해 건의하면 부서에서 알아서 반영하기 때문에 부서에게 실망감만 더해주는 최악의 정책 선정은 더 이상 할 필요가 없다는 것에 의견이 모아졌다. 그렇게 감사부는 4개월 만에 정책을 수정했다.

재 양치했어?

3월, 환경부는 밥을 먹고 난 후 양치를 하고 일명 '청결 체크리스트'에 양치를 했다고 체크를 하는 정책을 제안했다. 사실 많은 아이들이 귀찮아하는 일이라 반대도 심했던 정책이었다. 하지만 환경부는 아이들의 청결 역시 챙겨야 했기에 정책을 계속 유지하고 있었다. 그러나 지난 9월 이 정책은 결국 폐지를 맞이하게 되었다. 왜 환경부는 이 정책을 폐지했을까. 아이들이 귀찮아하기 때문이었을까?

폐지의 결정적 이유는 청결 체크리스트가 우리 반 모두에게 '공개'되고 있다는 점이었다. 청결 체크리스트가 다른 친구들에게 계속 공개가 되고 있는 바람에 여러 가지 사정으로(청소를 하거나 혹은 밥을 늦게 먹거나) 양치를 하지 '못한' 것임에도 불구하고 양치를 하지 '않은' 것으로 친구들이 오해를 하여, 놀림거리가 될 수 있다는 것이다. 환경부는 결국 청결 체크리스트를 폐지하고 점심을 먹은 후에는 양심껏 양치를 하기로 친구들에게 약속을 받았다.

세 가지 이야기에는 공통점이 있다. 모두 멀쩡히 유지되고 있던 정책을 수정하거나 폐지했다는 점이다. 그리고 그 수정 혹은 폐지의 이유가 '함께하는 행복'을 향하고 있다는 점이다. 첫 정책이 정해지고 7개월이라는 긴 시간이 지나면서 그 정책들은 계속 모두가 행복할 수 있는 아이들 나름의 방법으로 조금씩 그리고 아주 천천히 변해갔다.

아직도 교실자치에서는 더 나은 정책을 위한 수많은 이야기가 오가고 있다. 난 우리 반의 학급 정책들이 결코 완벽하다고는 생각하지 않는다. 하지만 이제 더 이상 아무도 나만의 행복 혹은 몇 명의 행복을 대변하는 정책을 지지하지 않는다. 몇 명을 대변하는 정책은 오래 가지도, 환영받지도 못한다는 것을 스스로 깨닫게 되었기 때문이다.

'오늘 교실자치라는 걸 한다고 한다. 마음대로 해도 된다고 한다. 급식 줄 서기는 꼭 선착순이 되었으면 좋겠다.'

— 3월 6일 아침 글쓰기 중에서

'오늘 10월 말 교실자치가 있다. 교실자치를 통해서 모두 조금 더 행복할 수 있는 정책들을 만들어 주면 좋겠다.'

— 11월 6일 아침 글쓰기 중에서

/
7개월이 지나면서
모두가 행복할 수 있는 방법으로
천천히 변해갔다.
/

인권을 위해
공을 차는 이유

11월 11일. 빼빼로 데이이자, 농업인의 날이며 비가 보슬보슬 내리던 날이었다. 우리 학교 운동장에는 한 무리의 사람들이 비를 맞으며 줄을 지어 서 있었다. 골대를 향해서 힘껏 공을 차기 위해서다. 수많은 광고지가 학교를 뒤덮었고 비디오카메라는 두 대가 설치되어 있었으며 이동식 칠판 하나와 총 여덟 개의 책상도 운동장에 나와 있었다.

맑은 날도 아니고 심지어 보슬비도 내리는데, 대체 무슨 일인가 싶다. 이쯤 되면 일을 꾸민 범인이 궁금하다. 그렇다. 이 모든 일의 범인, 바로 우리 반이다.

"운동장에서 뛰어놀 수 있어야 해요."

"학교에 와서 수업을 들을 수 있어야 해요."

“내가 하고 싶은 일을 꿈꿀 수 있어야 해요.”

“친구랑 놀 수 있어야 해요.”

“아프면 병원에 갈 수 있어야 해요.”

일주일 전, 우리는 ‘인권’에 대해 배우고 있었다. 나는 아이들에게 이 나라의 ‘어린이’라면 마땅히 가져야 할 권리를 물었다. 아이들이 이야기한 모든 것들이 어린이라면 꼭 가져야 할 인권들이었다. 운동장에 나와 뛰어놀고, 학교에 와서 수업을 듣고, 나의 미래를 꿈꾸고, 친구랑 놀 수 있고. 우리 반 아이들에게는 지극히 당연한 일이다.

“여러분들이 이야기한 모든 것들은 어린이라면 가져야 할 ‘인권’들이 맞아요. 그런데 우리 주변에는 그렇지 못한 어린이도 있어요. 어린이라면 누구나 당연히 가져야 할 인권인데 말이죠.”

나의 말에 아이들은 곧바로 우리의 반대편에서 어려운 삶을 이어가고 있는 어린이들을 떠올렸지만 나는 더 가까운 우리 바로 옆에 살고 있는 어린이들의 이야기를 들려주었다. 어려서부터 다양한 이유로 ‘소아암’이라는 고통을 받고 있는 어린이들의 이야기였다. 소아암은 완치율이 80%에 달하지만, 높은 치료비용과 긴 치료기간 때문에 많은 아이들이 치료에 어려움을 겪고 있는 안타까운 병이다(우리나라 아동 질병 사망원인 1위가 소아암이다.).

우리는 소아암 환아들이 우리들처럼 운동장에 뛰어나와 놀고, 학교에 와서 수업을 듣고, 미래를 꿈꾸고, 친구랑 놀 수 있기를 바랐다. 어린이들이 얼른 나아서 어린이라면 가져야 할 인권들을 찾아주고 싶었다. 사실 계획에는 없었지만, 수업 시간 몇 시간을 더 투자해서 소아암 환아에게 희망을 전달할 수 있는 캠페인을 우리 학교 안에서 꾸며보자는 것에 우리 반 모두의 뜻을 모았다. 우리가 목표로 한 캠페인은 당시 한 사회적 기업(Bekind)이 진행하고 있었던 '숏포러브 첼린지'였다.

우리는 일단 우리 학교 아이들에게 캠페인을 알려 많은 참여를 이끌어내서 학교 친구들이 소아암에 대해 한번 생각해보게 하고, 소아암 환아들의 인권을 위해 우리가 모은 희망을 전달하는 것을 이번 캠페인의 가장 중심이 되는 목표로 삼았다. 그리고 캠페인의 전 과정은 아이들 스스로 만들어나갈 계획이었다. 아이들 스스로 만들어가는 과정을 통해 소아암 환아에 대해 깊이 있게 생각해보고 나아가 인권에 대해서도 스스로 생각해볼 수 있게 하고 싶었기 때문이었다.

일을 벌일(?) 날짜는 11월 11일 수요일. 수요일은 3, 4, 5, 6학년이 모두 5교시에 끝나는 날이기 때문에 학생들을 모으기 적절하다는 결론이었다. 시간은 방과 후 1시 40분. 숏포러브의 올해(2015년) 버전처럼 양궁과녁을 만드는 것에는 다소 무리가 있어, 작년(2014년) 버전인 '페널티킥 버전'을 활용하기로 했다. 얼추 전체적인 그림이 그려지자마자 아이들은 각각 캠페인을 알릴 홍보부, 캠페인을 기록할 촬영부, 캠페인에 필요한 준비물들을 미리 준비해줄 준비부로 나누어졌다. 선생님인 나의 역할은 여기까지다. 이제부터는 온전히 아이들의 몫이다.

"선생님, 자리 좀 비켜주세요."

홍보부는 회의 결과 캠페인에 참여할 수 있도록 광고지와 캠페인 당일에 나누어줄 안내장을 제작하기로 했다. 당장 오늘부터 광고지를 붙여야 한다며, 내 컴퓨터를 사용해서 광고지를 얼른 만들어버리겠다고 했다. 내 자리 말고는 딱히 갈 곳이 없었지만, 아이들에게 자리를 내주었다. 컴퓨터 하나에 옹기종기 모여들어 광고지를 만드는 모습이 귀여웠다. 아마 당일에는 발로 뛰며 학교 안에서 직접 캠페인 홍보를 할 계획인 모양이었다. 잠정적인 목표는 150명이라고 했다.

홍보부의 횡포(?)로 쫓겨나 찾아간 촬영부는 '진행팀'과 '카메라팀'으로 다시 세분화되어 있었다. 진행팀은 캠페인에 앞서 취지를 설명하고 캠페인을 마치고 오는 몇몇 학생들의 인터뷰도 진행할 모양이었다. 진행을 맡은 아이들은 벌써 대본 카드를 만든다며 대본 제작에 열중이었다. 나도 모르게 학교 방송반에 가서 빌려왔다는 카메라는 카메라팀에서 이미 테스트 중이었다.

마지막, 준비부. 준비부는 캠페인 활동에서 가장 중요한 부서였다. 캠페인에서 사용될 축구공, 책상, 칠판 등을 직접 구하고 골대에서 공을 대충(?) 막아줄 골키퍼까지 섭외해야 하는 막중한 임무를 가지고 있기 때문이었다. 축구공은 지난 1학기 우리반 아나바다 장터로 벌어들인 반 수익금으로 하나 장만하기로 했단다. 책상, 칠판 등도 돌봄 교실의 선생님께 양해를 직접 구해가며, 당일에 잠시 빌려 쓰고 돌려주기로 약속을 받았다. 또 골키퍼는 우리 학교에서 자율축구부 5학년 대표를 맡고 있는 친구에게 쉬는 시간에 벌써 부탁해두었다고 했다.

역시나 나 없이도, 아니 어쩌면 내가 없으니 착착 잘 진행이 되어가고 있었다. 심지어 이 녀석들 진행속도가 아주 빠르다. 곧 학교 곳곳에는 우리 반의 11월 11일 슛포러브 캠페인 광고지가 붙었고, 주말에 준비부끼리 모여 마트에서 33,000원을 주고 샀다는 축구공도 도착해 있었다. 또 매일 방과 후에는 진행팀과 카메라팀이 리허설을 하며 서로 합을 맞추고 있었다.

그렇게 드디어 11월 11일, 아쉽게도 비가 보슬보슬 내리고 있었지만 우리는 그대로 진행하기로 뜻을 모았다.

"자, 우리가 이제까지 준비한 인권 프로젝트가 시작될 거예요. 여기까지 열심히 해준 촬영부, 준비부, 홍보부 모두 고생 많았어요. 비록 우리가 목표로 하는 150명을 채울 수 없더라도 우리 초등학교 친구들이 소아암에 대해 알게 되고, 희망의 메시지를 하나하나 모을 수 있다면 그것만으로도 행복할 것 같다는 생각입니다. 자기 준비물들 잘 챙기고, 이제 나갑시다!"

준비부, 홍보부, 촬영부 모두 각자의 위치에서 캠페인을 준비하고 있었다. 이미 학교가 끝난 1, 2학년 아이들은 벌써 공을 차겠다며 모여들고 있었다. 그렇게 모든 준비가 완료되고 기다리던 오후 1시 40분, 거짓말처럼 비가 그치고 교장 선생님의 첫 골로 우리가 직접 만들고 계획한 슛포러브 캠페인이 시작되었다.

아이들은 내가 따로 말하지 않아도 분주했다. 촬영부는 슛포러브 캠페인을 영상으로 담기 위해 분주했고, 홍보부도 너 나 할 것 없이 운동장에 나와 있는 아이들에게 공을 한번 차보라면서 격려해주고 소아암에 대한 내용이 적힌 안내장을 하나씩 나누어주고 있었다. 준비부도 캠페인 진행을 돕기 위해 인간 바리케이드가 되어서 아이들의 안전과 캠페인의 원활한 진행을 돕는 역할을 하고 있었다. 아이들은 그렇게 자신들이 공들여 준비한 캠페인에 스스로 동기와 애착을 만들어내고 있었다.

하지만 정말 아쉽게도 우리의 캠페인은 갑자기 비가 세차게 내리는 바람에 처음에 계획했던 시간보다 10분 이른 시간에 막을 내렸다. 우연하게도 11월 11일에 열렸던 우리의 인권프로젝트에는 '111명'이 참가해주었고 '65골'을 성공했다. 물론 우리가 목표로 했던 150명에는 모자란 숫자였다.

또 아쉽게도 촬영부가 만든 숏포러브 캠페인 영상은 촬영부의 편집을 거쳐 사회적 기업에 전달되었지만 소중한 65골은 해당 사회적 기업의 내부 사정으로 기부까지 이어질 수는 없었다. 아이들도 많이 아쉬워했다. 하지만 이미 나와 아이들은 인권에 대해 깊이 있게 생각하고 실천해보았으며, 우리가 캠페인의 목표로 설정했던 '학교 친구들이 소아암에 대해 한번 생각해볼 수 있게 하고, 소아암 환아들의 인권을 지켜주기 위해 우리가 모은 희망을 전달하는 것'을 이루었다는 것을 잘 알고 있었다.

또한 '인권'이라는 단어 하나로 시작했던 우리의 프로젝트에서 아이들은 스스로 경험과 가치를 배웠음을 느낄 수 있었다. 소아암 환아들의 인권을 지켜주기 위해서 아이들은 일주일이라는 시간 동안 발로 뛰어다녔다. 테이프 하나 들고 광고지를 붙이러 다녔고, 축구공 하나를 사려고 5명이나 모여 근처 마트로 향했다. 매일 방과 후가 되면 교실에서는 카메라를 보며 잔뜩 힘이 들어간 어색한 목소리를 들을 수 있었다. 아이들은 누가 시키지 않았지만, 자신의 위치에서 자신들이 할 수 있는 것에 최선을 다했다.

우리가 사회적 기업으로 보낸 영상메일에는 아쉬운 마음과 함께 "소아암에 대해 인식개선 캠페인을 개최한 것에 대한 경험과 그 가치는 정말 소중하고 대단하다고 생각합니다. 저희도 자극을 받아 더 열심히 아이들을 위해 노력하겠습니다!"라는 답이 돌아왔고, "영상도 너무 예뻐서 저희가 다음에 기회가 될 때 저희 페이지를 통해 많은 분들께 소개해드리고 싶다."라는 말을 전해왔다.

어쩌면 '인권'을 공부하기 위해서 이렇게까지 일을 벌여야 하나 물을 수도 있겠다. 하지만 나는 늘 아이들이 스스로 느끼고 배우기를 바란다. 그게 내가 아이들 앞에 선생님으로서 서있는 이유라고 생각하기 때문이다. 이번 프로젝트가 아이들 나름대로 자신의 마음에 인권의 가치를 새기는 순간이었다고 생각한다. 굳이 말하지 않아도 아이들 스스로 느꼈을 테니까 말이다.

{ 인권 프로젝트를 마치면서, 소감 }

"소아암 환아들을 도울 수 있다는 것만으로도 정말 좋았고
또, 또 다시 하고 싶다."

"비가 내려서 머리와 몸은 추웠지만 마음은 따뜻하였다."

"소아암 환아들이 꼭 권리를 찾아 씩씩하게 지냈으면 좋겠다."

"완벽하지는 않았지만 친구들과 함께 서로를 도우며
소아암 환아를 도울 수 있어 좋다."

"다음 날 감기 기운도 생겼지만

캠페인의 의미 때문에 더 하고 싶었던 것 같다."

"소아암 환아들 모두 건강해지면 좋겠다."

"학원에 빨리 가야 했지만 마지막까지 할 수 있어서 느낌이 좋았다."

"힘들었지만 소아암 환아들에게 조금이나마 도움이 된다는 말에
홍보를 더 열심히 했던 것 같다."

소아암 환아들이
우리들처럼 운동장에 뛰어나와 놀고,
미래를 꿈꾸고, 친구랑 놀 수 있기를 바랐다.

신규교사 경력 3년,
초등학교 선생님으로서
치열했던 삶과 고민들

3부 ─ 애들아, 선생님 말 좀 들어 볼래?

상과 벌,
그게 꼭 정답일까요?

3월, 우리 반 아이들은 하루가 다르게 서로 친해져 갔다. 오후에 학급에 남아 친구들끼리 어울리는 경우도 더러 있었고, 금요일이면 토요일 두 시에 학교 나무 밑에서 보자며 약속을 잡는 친구들도 있었다. 서로를 탐색하고 알아가는 학기 초이기에 좋은 학급 분위기가 만들어지고 있다고 생각했다. 우리 반에 한 명 있는 전학생도 전학생이 맞나 싶을 만큼 반 친구들이 늘어나고 있었다.

하지만 모든 일에는 명과 암이 존재하듯이 우리 반 아이들의 미친(?) 친화력은 종종 선생님인 나를 괴롭히곤 했다. 짝꿍과 이야기하다가 수업 장면이 휙 지나가 버리는 것은 기본이고, 친구들 작품을 서로 못 그렸다며 놀리고 구경하다가 정작 자기 작품은 완성도 못 하는 일도 있었다. 그저 자기들끼리 웃고 떠드는 것이 학교에서 가장 행복한 일이고 매시간 친구들과 투닥투닥 오순도순 지내는 것이 아이들이 하고 싶은 일이었다. 때문에 내가 애가 타는 건 아는지 모르는지 뭐가 그리도 재미난지 속닥속닥 수군수군 소위 '지방방송'이 많았다.

시간이 지나갈수록 수업 진행이 어려움을 겪는 일도 잦았다. 한번은 과학 실험을 아예 시작도 못 하고 목소리만 높이다가 끝이 나버린 적도 있었고, 또 한번은 아이들의 분위기를 정리하다가 10분이나 늦게(그렇지 않아도 초등학교 수업은 40분인데) 겨우겨우 수업을 시작한 적도 있었다. 이런 문제점은 선생님인 나만 느끼는 것은 결코 아니었다. 사실, 감사부에서 관리하는 우리 반 건의함에 '수업 시간과 쉬는 시간의 경계가 명확하지 않다.', '우리 반은 정말 필요 없는 이야기가 많다.', '우리 모둠은 너무 말이 많다.' 등의 날 선 비판의 건의 쪽지가 가득했기 때문이다.

곪은 일이 터진 것은 일주일의 시작을 알리는 '월요일'이었다. 월요일은 월요병을 가지고 등교하는 날이다. 나도 아이들도. 대신 증상은 좀 다르다. 아이들의 월요병은 직장인이 걸리는 월요병(주말에 쉬고 월요일에 다시 출근을 하는 직장인들에게 주로 나타나는 병으로 유달리 월요일에 피곤한 증세를 보이는 병)과는 다르게, 주말 동안 만든 도무지 끝이 없는 이야기보따리를 가지고 등교하는 월요병을 가지고 있다. 때문에 월요병의 증세도 '피곤'이 아닌 오히려 지나친 '활기'를 보인다. 실제로 월요일 1교시가 가장 수업하기 힘든 시간이라는 것은 선생님들 사이에서 공공연한 사실이다.

그 월요일도 마찬가지였다. 주말 동안 펜션에 놀러 갔네부터 근처 섬에 놀러 갔네, 피자를 먹었는데 너무 맛이 좋았네, 축구를 했는데 골을 넣었네, 말았네 등 아침부터 이야기 샘이 마르지를 않았다. 월요일마다 열리는 애국 조회에 관심은 무슨, 이야기 풀어 놓기에 다들 바빴다. 아무리 주의를 줘도 마찬가지였다. 겨우겨우 아이들을 말려가며 수업을 한 뒤에 점심을 먹고 난 5교시에도 아직 이야기가 남았는지 여전했다.

나는 이미 네 번의 수업 동안 아이들을 말리다가 내가 말라버린 상황이라 수업을 들을 준비가 될 수 있을 때까지 가만히 기다렸다. '눈치'라는 게 없는 건지 나는 아랑곳도 하지 않고 수업 시간을 계속 흘려보냈다. 그렇게 수업 시간이 5분이 지나고 10분에 가까워지는데 드디어 아이들이 뭔가 이상한 낌새를 느꼈는지 순간 조용해졌다.

"수업 시간이 10분 가까이 지났어. 선생님은 이건 큰 문제라고 생각한다. 오늘, 선생님 정말 수업하기 힘들어. 목도 아프고. 너희들은 어떻게 생각하니?"

"문제라고 생각해요."

"그럼 어떻게 하면 이 문제를 해결할 수 있을까?"

"반성문을 써요."

"아예 우리 반에서 제외해버려요."

"수업 시간에 떠들면 방과 후에 혼자 대청소를 시켜요."

우리 반에는 없는 것이 두 가지 있다. 상과 벌이 바로 그것이다. 칭찬은 있지만 상은 없고 지적은 있지만 벌은 없다. 내가 상과 벌을 없앤 이유는 하나였다. 아이들 스스로가 자신에게 상을 주고 벌을 주기를 바랐기 때문이었다. 잘못된 행동은 스스로 깨닫고, 잘하고 있는 행동은 스스로 칭찬하고. 나는 그것을 바랐다.

상과 벌에 의해서 학급을 운영한다면, 솔직히 정말 편하다. 반성문을 쓰지 않기 위해서, 청소하지 않기 위해서 아이들은 하지 말아야 할 행동들을 하지 않을 것이다. 또 사탕을 받기 위해서 쿠폰을 받기 위해서 하면 좋은 행동들을 나서서 할지도 모른다. 그러나 이러한 외부에서 주는 상과 벌에 의한 행동의 동기는 일회적이다.

또한 점점 더 그 상벌의 강도는 강해져야 할 수밖에 없다. 계속되는 상벌에는 자연스럽게 점점 무뎌지기 때문이다. 하나의 사탕은 두 개를 부르고 나중에는 정말 큰 상을 바랄지도, 웬만한 벌에는 감흥이 없을지도 모르는 일이다. 아이들이 나에게 제시하는 벌의 강도(반에서 제외하자든지, 대청소를 혼자 시킨다든지) 역시 웬만한 벌에는 꿈쩍도 안 할 아이들처럼 보였다.

일단 나의 이런 생각을 아이들에게 전달하기로 했다. 서커스를 위해 훈련되는 원숭이들에게 제공되는 소위 '당근과 채찍'을 알려주고, 선생님인 내가 왜 상과 벌이라는 편한 길을 마다하고 돌아가려고 하는지를 전달했다. 다행히도 아이들이 나의 마음을 이해한 듯 보였다. 나는 다시 이 문제를 해결하기 위한 방법을 물었다. 분명, 돌아오는 대답은 달랐다.

"스스로 시간에 맞게 행동해야 해요."

"시간 상관없이 놀고 있는 모둠 친구들을 달래서 데려와야 해요."

"놀고 싶어도 수업 시간은 참고 지켜야 해요."

"쉬는 시간에만 친구들과 이야기해요."

아이들의 대답에서 타인이 주는 '당근과 채찍'과 자기가 자기 자신에게 주는 '당근과 채찍'은 분명히 다르다는 걸 알고 있음을 느낄 수 있었다. 물론 쉽지는 않을 일이었다. 성인도 스스로 자신에게 당근을 주고 채찍질을 한다는 것이 쉽지 않기 때문이다. 사실 다음 날에도 그 다음 날에도, 또 지금도 몇몇 아이들은 여전히 수업 시간을 잘 지키지 못했고, 아직도 친구들과 얘기하기 바빴다. 그 사이에서 서로 수업 시간 됐다고 소리치고, 교과서 가져오라고 친구들을 구박(?)하는 모습을 보며, 기다리면, 또 기다리다 보면, 언젠가는 한 발 더 성장하겠구나 생각했다.

어제는 선생님에게 많이 미안했고, 조용히 하고 있었던 친구에게도 미안했다. 나는 더 이상 원숭이가 아니고 사람이 되고 싶다.

- 한 학생의 아침 글쓰기 중

이제는 사람이 되고 싶다던 이 친구, 이날도 열심히 쉬는 시간에 할리갈리라는 놀이를 하다가 수업 시간을 안 지키고 나에게 한소리를 들어야 했다. 이 친구가 달라지는 그날까지 조금씩 천천히 기다리며 지켜봐야지.

종이비행기와
학부모 공개수업

재환이는 다른 친구들보다 조금씩 늦는 아이다. 자신 있게 할 수 있는 게 많지 않아 항상 위축되어 있다. 혼자 해결해야 하는 활동이 주어지면 선생님 눈치 보랴 친구들 눈치 보랴 바쁘다. 그런 재환이가 덜컥 우리 반에서 1등을 하는 사건이 벌어졌다. 우리 반에서 개최한 제1회 종이비행기 날리기 대회에서 말이다.

"선생님! 제가 1등 했어요!"

"우와, 정말 대단한걸? 재환이 너무 잘했어!"

총 9m가량을 날아간 재환이의 종이비행기는 우리 반에서 가장 멀리 날아간 종이비행기가 되었다. 종이비행기를 한 손에 들고 어찌나 좋아하던지 '1등'이라는 말에 날아갈 것 같은 기분을 만끽하고 있는 것 같았다. 날린 종이비행기는 버려도 된다고 했지만 재환이는 자신의 종이비행기를 책상 서랍에 고이 넣어 두 었다.

그렇게 며칠 뒤, 학부모 공개수업이 있던 날. 학부모 공개수업 은 아이들의 학부모들이 우리 교실에서 나와 아이들이 꾸려가는 수업을 직접 보고 가는 행사를 말한다. 그래서 오늘은 꽤 많은 학 부모들이 우리 교실을 보기 위해 교실 앞뒤 양옆 할 것 없이 가 득 메우고 있었다.

사실 학부모 공개수업이라는 게 있는 그대로의 교실과 수업을 보여주면 그만이겠지만, 애써 아이들의 모습을 보러온 학부모님 들을 위해 한 명 한 명의 아이들 모두가 자신을 직접 보여주는 발표 활동을 일부러라도 수업에 구성하는 것이 보통이다. 우리 반의 오늘 학부모 공개수업에서도 개인발표가 예정되어 있었다. 재환이도 그걸 아는지, 평소보다 더 위축되어 있는 것 같았다.

"자, 그럼 선생님이 나눠준 활동지의 물음에 답해보세요!"

아이들에게 활동지 설명을 하고 돌아다니며 진행 상황을 살피 는데, 오른쪽 맨 앞자리에 앉아 있는 재환이가 연필 대신 무언가 를 꼼지락꼼지락 만지고 있는 게 눈에 들어왔다.

"재환아, 선생님이 말한 거 먼저 해야지?"

재환이에게 우선 말로 주의를 집중시키고 수업을 계속 이어 나갔다. 다른 아이들의 학부모들도 교실에 가득한데, 재환이에게만 너무 많은 시간을 쏟을 수는 없는 노릇이었기 때문이다. 그러나 얼마 지나지 않아 재환이의 짝, 혜은이가 나를 불렀다.

"선생님! 재환이가 자꾸 종이비행기 날려요!"

재환이가 꼼지락꼼지락 만지고 있던 것은 바로 종이비행기였다. 평소 수업 같았다면, 이미 재환이와 종이비행기를 확실하게 떼어 놓았겠지만, 신규교사로 학부모 공개수업에 임하고 있는 나는 괜한 실랑이 없이 마치고 싶은 마음에 다시 한번 말로 경고를 보냈다.

"재환아, 수업 안 들으면 종이비행기 선생님이 가져갈 수밖에 없어요."

대답은 없었지만, 재환이는 손에 있던 종이비행기를 책상 서랍 깊숙이 넣는 것 같았다. 다시 수업이 한창 시작되고 아이들과 이런저런 활동을 하는데, 갑자기 내 발목에 무언가 부딪치는 느낌이 들었다. 내려다보니 종이비행기였다. 큼지막하게 '재환'이라고 적힌. 정말 이러고 싶지 않았지만, 어쩔 수 없었다. 아무리 학부모 눈치가 보이는 신규교사라지만, 수업은 진행해야 하니까 말이다.

"선생님이 말했죠? 어쩔 수 없이 종이비행기는 선생님이 보관할게요."

종이비행기를 들고 교탁으로 돌아서는데, 재환이에게서 비명이 들렸다. 나를 향한 비명이었다. 화가 잔뜩 난 모양이었다. 종이비행기를 돌려달라는 표시였다. 일제히 모든 이의 시선이 나를 향했다. 나는 잠시 생각하다가 종이비행기를 돌려주었다. 일단은 빨리 상황을 수습하고 나머지 수업을 마무리해야겠다는 생각이었다. 재환이와 실랑이할 여유가 없었다. 하필 학부모 공개수업에서 이러는 재환이가 너무나 야속했다.

한 학부모께서 재환이의 돌발행동에 안 되겠다는 생각이 드셨는지, 문 앞에서 재환이의 감정을 다독여주셨다. 아마 그때부터 재환이는 아예 수업에 참여하지 않았던 것 같다. 그 학부모님에게 달라붙어 종이비행기에 대해 설명하며 공개수업 내내 종이비행기 날리기에 집중했으니까 말이다.

이쯤 되면 아마 알겠지만, 재환이는 감정조절과 주의력 집중에 심각한 어려움을 겪고 있는, 더 많은 관심이 필요한 학생이다. 그런 재환이에게 교실에 앉아 차분히 수업을 듣는다는 건 스스로에게 힘들고 정말 어려운 일인 것이다. 그래서 교실의 활동에서 내내 위축되고 자신감을 얻기 어렵다. 오늘처럼 보는 눈이 많은 수업에서 그리고 자신 없는 발표 차례가 기다리고 있는 수업에서 재환이는 무슨 생각을 하고 있었을까. 그리고 그런 재환이에게 '종이비행기'는 어떤 의미였을까.

"선생님은 재환이 행동에 정말 많이 당황했어. 재환이가 만든 종이비행기를 자랑스럽게 여기고 아끼는 마음은 선생님도 잘 알고 있지만, 선생님에게도 재환이가 선생님과 우리 교실을 존중해주었으면 하는 마음이 있어. 오늘 재환이의 행동을 잘 생각해보고 재환이가 무얼 해야 하는지 스스로 생각해봤으면 좋겠어."

수업이 끝난 뒤, 나는 재환이를 불러 나의 곤란했던 마음을 신중하게 털어놓았다. 고개를 무겁게 끄덕이는 재환이었다. 내 마음을 그래도 이해해주었는지, 다음 날부터 재환이의 종이비행기는 교실에서 찾을 수 없었다.

다독증후군

　분홍색, 노란색, 연두색, 하늘색, 색색의 파일철은 교실의 필수
품이다. 신규교사는 색색의 파일철 묶음을 앞에 두고도 고민에
빠진다. 무슨 파일철로 써야 할까 고민을 하면서 말이다. 일단 학
습지를 마음껏 철해둘 수 있는 파일철은 하나 있어야겠다. 또 뭐
가 있을까? 모르겠다. 옆 반 교실 탐방을 가보기로 한다.

　"선생님, 애들 파일박스 좀 봐도 돼요?"

　"그럼, 근데 저거 작년 애들이랑 쓰던 건데, 괜찮아?"

　"네, 괜찮아요. 어떤 걸 만들어놔야 하는지 해서요."

　작년 아이들이 썼다는 파일 박스 안에는 1년의 흔적이 보이는
네 개의 파일철이 있었다. 각각 각종 학습지를 저장하는 파일철
1개, 영어 학습지를 저장하는 파일철 1개, 책 읽은 내용을 짤막

하게 기록하는 독서록 파일철 1개, 1인 1악기(오카리나) 악보가 모여 있는 파일철 1개였다.

"일단 그 네 개는 꼭 있어야 될걸?"

좋다. 그럼, 우리 반도 똑같이 간다. 신규교사의 열정으로(지금은 아이들이랑 함께 만든다.) '학습지 꾸러미' 1개, 'English Worksheet' 1개, '즐거운 독서 시간' 1개, '오카리나 배우기' 1개씩 네 개의 파일철 곱하기 스물일곱 명, 총 108개의 파일철에 모두 라벨 작업을 마쳤다. 아이들 파일박스에 네 개의 파일철이 담겨 있는 모습을 보니 괜히 든든하다.

두 달간 아이들과 함께 지지고 볶으면서 세 개의 파일철은 부족함 없이 충분한 역할들을 하는 것 같았다. 학습지가 생기면 알아서들 꾸러미에 잘 철해두었고 영어 학습지도 해당 파일철에 차곡차곡 잘 모이고 있는 것 같았다. 또 화요일, 목요일 아침마다 진행되는 오카리나 연습도 파일철에 있는 악보를 보면서 잘 이루어졌다. 딱 하나, 독서록의 행방이 묘연했다. 엄습한 불안감에 방과후 아이들 독서록을 살펴보기로 했다.

역시나 왜 슬픈 예감은 틀린 적이 없을까. 약속이나 한 듯이 몇 명을 제외하고는 모두 처음 상태 그대로다. 교육대학교에서 국어 전공을 했던 나로서는 좌시할 수 없는 막중한(?) 책임감을 느꼈다. 이대로의 독서록을 허용할 수가 없었다.

"선생님이 어제 너희들 독서록을 봤어. 아직 한 권의 책도 기록되지 않은 친구들이 많던데 아예 책을 읽지 않은 건가?"

"아뇨, 책은 읽었는데 나중에 한꺼번에 기록하려고요."

"언제 한꺼번에 기록하려고 하는 건데?"

"독서인증제 끝나기 전에요."

우리 학교는 독서록을 기준으로 독서인증제를 운영하고 있다. 학년별로 독서록에 쓰인 책의 숫자에 따라서 정해진 기간 동안 일정한 수를 채우게 되면 단계 인증을 받는 형태다. 우리 학년의 경우에는 3월부터 12월까지 100권을 채우면 최고 단계를 인증받을 수 있었다. 아이들은 그 독서 인증제가 끝나는 시한에 맞춰 읽었던 책들을 쌓아놓고 독서록을 채우겠다는 것이었다. 음, 효율성 측면에서 좋을 것 같긴 하지만 그래도 이런 식은 아닌 것 같다. 책을 읽고 난 후에 떠오른 생각이나 감상들을 잘 정리해서 기록하는 게 독서록의 의미니까 말이다.

"음… 선생님 생각엔 독서를 기록하는 건 독서를 마치고 나서 바로 해야 하지 않을까 싶어. 책 내용과 감상이 잘 기억날 때 적어야 하니까 말이야. 전에 적지 못했던 친구들은 이번 기회로 적어주고 앞으로는 책을 읽을 때마다 독서록을 가지고 다니면서 기록했으면 좋겠어."

아이들의 명랑한 대답은 없었지만, 다들 인정하는 눈치였다.

그렇게 시간이 흘러 다시 한 달이 지났을 무렵, 아이들이 독서록을 잘하고 있나 확인하기 위해 아이들의 독서록을 다시 펼쳤다. 그런데… 문제가 더 심각해졌다.

책 이름	Who? 김연아	지은이	오영석
한 줄 느낌	김연아가 존경스러웠다.		

책 이름	화재에서 살아남기	지은이	달콤팩토리
한 줄 느낌	재밌었다.		

책 이름	제로니모의 환상 모험 2	지은이	제로니모 스틸턴
한 줄 느낌	그림이 많아서 좋았다. 재밌었다.		

독서록을 채우고 있는 대부분의 책은 만화책이거나 그림이 많은 책이었다. 고학년 아이들과 수준이 맞지 않는 책들이 많았고, 아이들이 적어둔 한 줄 느낌은 정말 '한 줄'에 불과했다. 그마저도 쓰지 않고 아직도 빈 독서록으로 두고 있는 아이들도 있었다. 이거, 뭔가 잘못돼도 한참 잘못되었다. 우선 아예 두 달째 빈 독서록으로 일관하는 두 녀석을 불렀다.

"너희들 아직도 독서록이 비어있던데 왜 그런 거야?"

"저는 독서인증제 안 받을 건데요?"

"저도요."

이럴 수가. 아이들에게 독서의 이유는 '독서인증제'가 되어 있는 듯했다. 독서인증제를 노리고 있는 아이들은 꾸역꾸역 인증제 마감 시한에 맞춰 독서록을 채우고 독서인증제를 일찌감치 포기한 아이들은 독서록에 먼지만 쌓여가는 것이었다. 아이들에게 독서록은 읽은 책의 숫자를 채우는 것 외에는 별다른 의미가 없었다.

아이들이 만화책, 짧은 책, 그림책을 읽고 독서록을 채워나갔던 이유도 명확해졌다. 어쩌면 자연스러운 선택이었을지 모른다. 내가 읽은 책의 숫자를 간편하게 채우는 게 중요하니까 말이다. 과정이야 어쨌든 독서록을 채운 아이들은 결국 연말에 독서인증제를 받고 칭찬을 받는다. 그리고 그렇게 인증을 받는 아이들을 보며, 인증을 받지 못한 아이들은 친구들을 부러워하거나 대단하다고 생각하겠지. 아이들은 그렇게 '다독증후군'에 빠지고 있었다.

독서록, 독서인증제, 독서 퀴즈, 독서 통장 등 지금까지 학교에서 굳어져 온 독서 교육은 독서를 경쟁의 활동으로 인식하게 만들고 다독을 강조해왔던 교육이었던 것이 사실이다. 내게는 당장 대안이 없었다. 책을 많이 읽는 것도 물론 중요하지만, 깊게 읽는 즐거움을 알려주고 싶은데 어떻게 해야 할지 감이 오지 않았다. 아이들에게 번져 있는 다독증후군에 적합한 처방이 떠오르지를 않았다.

다행히 이러한 독서교육에 대한 회의론은 나뿐만 아니라 선생님들 사이에서 공론화되면서 다독을 장려하는 독서교육을 거절하는 흐름들이 많아지고 있다. '온 작품 읽기'나 '슬로리딩' 운동이 그렇고, 2015 개정 교육과정을 시작으로 도입된 '한 학기 한 권 읽기'가 그렇다. 나도 마음 한쪽에 무거운 책임감을 느끼고 있었던 아이들의 다독증후근을 고쳐주기 위해 새로운 독서교육을 시도해보기로 했다.

아이들에게 지금까지 자신들이 읽었던 책과는 많이 다른 무시무시한 책을 덜컹 던져주었다. 『스타벅스에 간 소녀』였다. 그림은 하나도 없고 쪽수는 300쪽에 달하는 긴 책이다. 그리고 같이 읽었다. 보름이라는 긴 시간 동안 책을 함께 읽고 이야기하고 생각을 공유했다. 독서록 한 칸에 의미 없는 한 줄을 기록하는 것이 아니라 마음과 머릿속에 책을 기록했다. 보름이라는 긴 시간 동안 이 낯선 책을 읽은 뒤, 아이들은 어떤 생각을 했을까?

> **{ 이 책을 읽고 난 뒤 들었던 생각이나 느낌을 정리하여 봅시다. }**
>
> "책이 너무 짧다는 생각이 들었던 건 처음이었다.
>
> 300쪽이나 되는데 말이다."
>
> "뒷이야기가 너무 궁금하다. 2탄이 있는지를 찾아봐야겠다."
>
> "천천히 함께 읽으니까 좋았다. 다른 책들도 기대된다."
>
> "선생님이 15일이나 읽었다고 해서 놀랐다. 정말 금방 읽은 기분이다."
>
> "두꺼워서 처음에 무서웠는데 의외로 재미있었다."

아이들과 함께 읽은 첫 책은 너무나도 폭발적인 반응을 불러일으켰다. 소장하고 싶다며 이미 다 읽은 『스타벅스에 간 소녀』를 직접 구입한 아이, 이젠 책 읽기가 무섭지 않다면서 두꺼운 책을 거침없이 고르는 아이까지, 한 권의 책이 아이들을 이렇게 바꿀 수 있었나 싶었다.

우리는 그 이후에도 『우리들의 에그타르트』, 『울지마, 톤즈』, 『완벽한 친구를 만드는 방법』, 『지엠오아이』, 『오, 나의 푸드트럭』, 『맹준열 외 8인』 등을 함께 읽었다. 겨우 10권 남짓의 책이었지만 우리는 수많은 이야기를 나누고 배울 수 있었다.

하지만 아직도 아이들은 다독증후군에서 벗어나지 못하는 경향이 있다. 아마 지금까지 다독을 지나치게 강조해온 우리 교육의 영향일 것이다. 출판사에서 내놓은 전집을 끝까지 다 읽고 뿌듯해하는 아이들도 정말 기특하고 칭찬해주어야 마땅하지만, 자신이 직접 고른 한 권의 책을 한 번, 두 번 혹은 세 번 소중하게 읽고 또 읽는 마음을 기를 수 있는 아이도 많아진다면 얼마나 좋을까 생각해본다. 그리고 그 옆에 아이들에게 책을 권하고 함께 읽어주는 내가 있었으면 좋겠다.

책 이름	완벽한 친구를 만드는 방법	지은이	마르티나 발드너

한 줄 느낌	스타벅스에 간 소녀에 이어 읽은 두 번째 책이었다. 내 인생책이다. 카를라와 나디아가 만드는 우정 이야기를 보면서 정말 많은 것을 생각할 수 있는 책이었기 때문이다. 나도 단짝친구가 있다. 어릴 때부터 친한 친구다. 그런데 항상 그 친구보다 공부를 잘하고 싶다는 생각이 든다. 질투가 나기도 했다. 친구를 미워하는 건 아닌데 자꾸 이런 생각이 들어서 내가 못된 아이라는 생각도 들기도 했었다. 이 책의 주인공 카를라와 나디아도 마찬가지다. 책을 읽으면서 위로를 받았다. 내가 완벽한 친구가 될 수 없다는 사실을 인정하니 마음이 편해졌다. 그리고 내 친구도 나의 완벽한 친구가 될 수 없다는 걸 인정하니 마음이 더 편해졌다. 친구에게 솔직하게 내 마음을 이야기하고 대화할 수 있는 친구가 되고 싶다.

한 권의 책이
아이들을 이렇게
바꿀 수 있었나 싶었다.

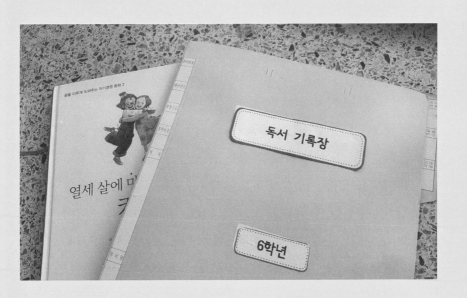

아이들 질문에
짜증으로 답하다

"선생님, 오늘 창체(창의적체험활동) 시간에 뭐 해요?"

오늘만 벌써 세 번째 질문이다.

"선생님, 오늘 국어 시간에 교과서 필요해요?"

오늘만 벌써 다섯 번째 질문이다.

"그거 알아서 뭐 하게?"

싸늘한 표정에 짜증 섞인 대답이 나갔다. 컨디션이 좋지 않은 날이면 대답을 아예 하지 않거나 무언의 총알 같은 눈빛만 보내는 경우도 있다. 매일같이 똑같은 질문을 해대는 아이들에게 일일이 반응하는 일이 귀찮기도 하고 힘들기 때문이다. 그런 날이면, 눈치가 있는 고학년 아이들은 알아서들 선생님 책상으로부터 한 5미터씩은 멀찍이 떨어져 다닌다. 아이들에게 미안한 마음도 있었지만 한편으로는 '내가 뭘? 나도 사람이라고!'라고 되뇌기도 했다.

집단상담을 위한 외부 강의가 잡혀 있던 날이었다. 시간표에 창체 과목이 5, 6교시에 두 개나 붙어 있어서 그런지 아이들 관심은 온통 5, 6교시에 있다. 아니나 다를까, 방금 출근한 나에게 질문 공세가 쏟아진다. '왜 창체가 두 교시인 건가요?'부터 '오늘 창체에 뭐 하나요?', '창체에 필기도구 필요하나요?' 아직 1교시 시작도 안 했는데, 기자회견을 방불케 한다. 몇몇에게 답해주다가 버럭 눈빛을 쐈다. '더 이상 질문을 받지 않겠다.'는 메시지가 담긴 눈빛이었다.

"선생님, 오늘 창체 시간에 뭐 해요?"

눈치가 없는 건지 한 아이가 내게 또 묻는다. 나도 모르게 짜증으로 답하고 만다.

"아니, 창체 시간에 뭐 하는지는 알아서 뭐하게? 뭐 하는지 알아서 별로면 안 들을 거야? 그냥 잠자코 기다려!"

아, 와다다 말을 쏟아붙였는데 그제야 아이 어깨에 걸린 책가방과 혜미의 얼어버린 표정이 눈에 들어왔다. 혜미는 우리 반에서 조용하고 또 조용한 아이다. 원래 말수도 적고 친구 관계도 그다지 넓지 않아 쉬는 시간에도 자리에 앉아 독서에만 온 신경을 쏟는다. 모둠 활동에도 소극적이고 나에게 특별히 말을 걸어오지도 않는다. 가끔 내 시시한 대화에 몇 마디 나눌 뿐이다. 그런 혜미가 학교에 오면 가장 먼저 하는 일이 있었으니 시간표를 뚫어져라 쳐다보는 일이었다. 그리고선 꼭 나에게 오늘 무얼 하는지 물어보곤 했다.

혜미가 돌아서서 자리로 가는 모습에 나도 완전히 얼어버렸다. 이제야 막 학교에 도착한 아이가 오늘 하루, 몇 개의 질문 혹은 몇 마디를 할지도 모를 그 아이가 던진 질문에 나는 반복되는 질문에 짜증이 난다는 이유만으로 너무나 큰 상처를 주고야 말았다. 나에게는 다섯 번째, 아니 오십 번째 질문이었을지 몰라도 혜미에게는 첫 번째 질문이었을 텐데 말이다.

"선생님이 아침부터 너희들에게 정말 잘못한 일이 있어. 괜히 내 기분이 좋지 않다고 너희들의 말을 귀담아듣지 않고 무시했던 것 같아. 항상 너희들 편에서 생각하고 이해하겠다고 다짐하고, 또 너희들에게 항상 친구들과 대화할 때는 배려하는 말하기를 하라고 하면서도 이렇게밖에 행동하지 못한 내 스스로가 한심스럽기도 하고 한편으로는 괜한 피해를 본 너희들에게 너무나 미안한 마음이 들어. 특히 애꿎은 혜미가 선생님에게 괜한 소리를 들었는데 이 자리에서라도 공개적으로 사과하는 마음을 전하고 싶어. 정말, 정말 미안해, 애들아. 사과를 받아줄지 모르겠지만, 다음부터는 이러지 않도록 노력할게. 믿어줬으면 좋겠어."

1교시를 시작하기 조금 전, 나는 혜미를 비롯한 우리 반 아이들에게 사과를 했다. 진심으로 미안한 마음을 담고 담아 내 잘못을 인정했다. 내가 그나마 주워 담을 수 있는 일이라곤 이것밖에 없다는 사실에 내 자신이 참 초라한 순간이다.

모둠활동?
가위바위보!

우리 반은 일반 교실과는 다른 점을 금방 발견할 수 있다. 우리 교실에서는 흔히 상상하는 보통의 교실들처럼 책상들이 나를 향해 바라보고 있지 않기 때문이다. 항상 모둠을 만들어 친구끼리 서로 마주 바라보며 앉아 있다. 수업 활동에서, 일상생활 속에서 서로의 생각을 듣고 공유하면서 스스로 자신의 생각을 조정해가는 사회적 기술을 길러주고 싶은 나의 의도다.

하지만 성격이나 생각의 속도, 깊이, 범위까지도 다른 아이들끼리 뭉쳐서 모둠 활동을 헤쳐 나가는 일은 분명 쉽지 않다. 어른들에게도 물론 어려운 일이지만, 아이들에게는 더더욱 어려운 일이다. 아이들의 모둠에 대한 불평과 불만은 항상 멈출 틈이 없다. 모둠을 바꿔 주지 않으면 지각하겠다는 귀여운 협박부터 모둠에서 사용한 가위는 도대체 누가 가져다 놓을 것인가와 같은 사소한 다툼까지 아주 다양하다.

그중에서도 단연! 가장 많이 듣는 불만은 "선생님, 얘는 모둠활동 참여 안 해요!"다. 하루에 적어도 한 번쯤은 듣는 불평이다. 꼭 내 귀로 들어오지 않더라도 교실을 스윽하고 둘러보면, 자주 눈에 띄는 부분이다. 이 문제 상황은 해결해주기에도 그냥 알아서 해보도록 놔버리기에도 애매하다. 때로는 모둠활동을 주도하는 아이들의 엇나간 욕심이 문제가 되기도 하고 난 안 해도 상관 없다는 식의 태도가 문제로 나타나기도 한다.

처음 모둠에 대한 불만들을 들었을 때도 나는 꽤 침착했다. 어느 정도 예상한 일이기도 했고, 그런 갈등의 과정이 곧 모둠활동을 만들어가는 과정이라고 생각했기 때문이다. 모둠활동이 아이들의 배움에 도움을 주고 있냐는 스스로의 물음에도 나는 망설임 없이 "네."라고 답했다. 그러나 우리의 교실 상황은 내 예상과는 전혀 다르게 흘렀다.

"영어 시간에 너희들 모둠활동에 참여 안 했다면서? 맞아?"

"처음에는 참여하다가… 나중에는 안 했어요."

"왜?"

"여자 둘이서만 마음대로 하고 우리 의견은 안 받아줘서요."

"저는 생각하고 있는데 빨리 안 하면 넘어가겠다고 해서요."

"그래? 알겠어. 3모둠 여자애들도 밖으로 잠깐 나와 보세요."

"남자 친구들이 자기네 의견은 받아주지 않았다는데, 맞아?"

"그건 맞는데요, 얘들은 너무 늦게 해요."

"그리고요, 우리 의견에 반대만 하는데요. 그럼 다른 의견 내놓으라고 해도 안 해요."

"아무 의견도 없이, 그냥 그건 안 된대요."

1교시, 영어전담 시간에 3모둠에서 벌어진 모둠활동에 전혀 참여하지 않았다는 남자아이들과 둘이서만 모둠활동을 진행해 버렸다는 여자아이들 간의 갈등이었다. 처음 벌어진 일도 아니었다. 난 갈라서 버린 두 입장을 중재해줄 수가 없었다. 아니, 도대체 누구에게 문제가 있었던 것일까? 자기 의견을 내보이고 싶었던 남자아이들? 아니면, 어떻게든 모둠활동을 마치고 결과물을 만들어내고 싶었던 여자아이들? 이 물음에 도저히 답을 내릴 수가 없었다. 서로 이해해보자는 식상한 말로 아이들을 교실로 돌려보냈지만, 전혀 개운하지 않았다.

계속 발생하는 불만들은 점점 나아지겠지… 처음에는 누구나 어려운 법이니까…. 스스로를 위로하던 나의 생각에 물음표를 던졌다. 담임선생님으로서 중요한 결단을 내릴 시기였다. 우리 교실에서 모둠활동을 왜 하고 있는지조차 흔들리고 있었다. 서로 배려하고 협동하면서 생각을 모아보라고 그게 모둠활동을 하는 이유라고 아이들을 다독이지만, 그뿐이었다. 근본적인 문제를 해결할 수는 없었다. 다시 나 자신에게 되물었다. 과연 모둠활동이 아이들의 배움에 도움이 되고 있는가? 나의 대답은 분명 '아니요'였다.

아이들의 모둠활동에서는 내가 기대한 개개의 생각들을 모아 조정하고 정제하는 일련의 과정이 전혀 드러나지 않았다. 억지로 생각을 모아 보라고 하면, 모둠 안에서의 아이들은 치열하게 이야기를 나누기보다는 가위바위보를 해서 모둠원들 중 하나의 생각을 선택했다. 분명, 내가 모둠활동을 통해 얻으려고 했던 '생각을 공유하고 조정해 나가는 과정'은 철저히 무시되고 있었다.

그러던 중 '배움의 공동체' 연수에 참여할 기회가 있었다. 그리고 이 연수 과정 속에서 우연히 교실의 방향을 어느 정도 찾을 수 있었다. 분명 배움의 공동체에서 지향하는 수업의 방향은 우리 교실처럼 소집단 활동에 뿌리를 두고 있었다. 하지만 나의 수업과는 다르게 절대 모둠 안에서 '통일된 생각'을 요구하지 않았다. 단지 소집단에서의 아이들은 서로 생각을 나누고 질문하는 활동에 초점을 맞추고 있었다. 모둠활동은 같이 하되 결과물들은 모두 개개인이 독립적으로 만들고 있었다.

아차, 싶었다. 왜 나는 이 간단한 사실을 외면하고 있었을까. 내가 생각하는 것이 남들과는 다르고 남들과 생각하는 속도도 다르다는 것은 나도 잘 알고 있는 사실이었는데 말이다. 그럼에도 짧은 시간 안에(길어봐야 10분에서 15분 정도밖에 주지 못한다.) 모둠원 각자의 생각을 하나의 정리된 생각으로 통일하라는 것은 불가능에 가깝고, 그 의미도 찾기 힘들다. 난 이 아주 간단한 사실을 모둠활동이 필요하다는 자존심 아래 외면하고 있었던 것이다.

짧은 시간 동안 모둠에서 만들어낸 하나의 결과물을 보며 나는 '성공'을 생각했지만, 결국 '실패'한 것임을 깨달았다. 이것은 결코 내가 바랐던 통일된 생각이 아니다. 단지 '누군가'의 생각은 포기되고 희생되어 만들어진 가짜 생각일 뿐인 것이다. 아이들이 통일된 생각을 억지로 만들기 위해 가위바위보를 이용했던 것처럼 말이다. 통일된 생각을 만들기 위해 확보되어야 할, 생각을 나눌 충분한 시간이 애초에 있지도 않았다.

모둠활동을 거부하거나 무관심한 태도로 일관했던 아이들은 어쩌면 가장 솔직했던 것은 아닐까? 아이들은 그저 당연한 의사표현을 한 것이다. 분명 난 이런 의견과 생각을 가지고 있는데, 저 의견과 생각이 다수의 의견이니까 혹은 가위바위보에서 패했으니까 선택해서 따르라니. 아이들이 모둠활동에 참여하지 않는 것은 자연스러운 일인 것이다. 나라도 모둠활동에 참여하고 싶은 마음이 뚝 하고 떨어져 나갈 것 같은데 말이다.

결국 모둠이 진짜 해야 할 역할은 통일된 생각을 만들어내어 겉보기에 그럴듯한 결과물을 만들어내는 것이 아니라, 나의 생각을 조정하고 정제할 수 있도록 서로 생각을 공유하고 질문하는 자유로운 이야기의 '장'을 만들어내는 것이었다.

연수를 들은 후 맞이한 새로운 월요일. 연수 전 미리 준비했던 모든 수업들을 깔끔하게 포기하고 새로운 생각으로 다시 구성하기 시작했다. 아직은 아이들이 새로운 모둠활동의 방향에 적응하지 못한 탓에 침묵이 흐르는 모둠활동이 되는 곳도 있었지만, 몇 모둠에서는 가위바위보 대신 시끌시끌하게 각자의 의견과 생각들이 충돌되며 조정되는 과정들을 볼 수 있었다. 그 과정들은 더 이상 소음이 아니었다.

1. 문제의 대화 상황을 보고 정부가 경제활동을 위해 할 수 있는 역할을 제안해 봅시다.

병원 사장 아니, 돈도 없으면서 무슨 치료를 받겠다는 거야?

환자 보호자 아이고, 저희는 먹고살 돈도 없습니다.
제발, 저희 어머니 좀 살려주세요.

병원 사장 치료를 받으려면 정당하게 돈을 가져오란 말이야!

"와아, 이 병원 사장님 지인짜 못됐네."

"근데, 병원 사장님도 돈 벌어야 되지 않아?"

"그래도 병원에 찾아온 환자들은 치료해 줘야지."

"그럼 막 환자들이 여기는 공짜로 치료해준다고 계속 찾아오면 어떻게 해?"

"크크크크, 그럼 망하겠다. 그 병원. 어떡하냐?"

"아, 그럼 정부에서 그런 사람들한테 돈을 좀 주면 되겠다!"

"오, 좋은 생각이다. 근데, 정부에서 공짜로 치료해주는 병원을 만들면 될 것 같은데?"

두 아이는 이런저런 이야기를 나누다가 결국 한 친구는 정부의 역할로 '치료를 받지 못하는 환자를 위해 정부에서 돈을 지원해주기'로, 한 친구는 '정부에서 공짜 병원을 만들기'로 제안했다. 둘은 분명 서로의 생각을 공유하며 자신의 생각을 정리하고 조정하였다. 서로의 결론은 달랐지만, 자신의 생각은 생각의 공유를 통해 보다 정제된 결과물로 나타났다.

만약 이전처럼 모둠 안의 통일된 생각을 강요했다면, 아이들이 나누는 이야기는 어땠을까? 아마, 가위바위보가 다시 등장하지 않았을까. 다시금 교실의 기틀을 만드는 교사의 생각과 고민이 얼마나 중요한 일인지를 깨닫게 되는 시간이다. 더불어, 교사가 스스로 맞다고 여긴 생각과 고민의 결과에도 지속적인 스스로의 반성문이 필요하다는 사실도 다시 마음에 새긴다.

의견과 생각들이
충돌되며 조정되는 과정들은
더 이상 소음이 아니었다.

5.22. 금
오늘 보니 우리만은 신기한것 같은 다.
않는것도 그렇고 하는것도 그렇고
어쨌든 신기하다.

사과했는데요?

　우리 반에 사건이 벌어졌다. 주란이를 따돌리기 위한 목적으로 단체 카카오톡 채팅방이 만들어졌고 한 명, 두 명 초대하다 보니 우리 반 열두 명이 속해 있는 거대 단체 채팅방이 되었다. 그리고 그 단체 채팅방 속에서는 우리 반 아이들이 했을 것이라고는 도저히 상상하고 싶지 않을 정도로 심각하고 위험한 대화들이 오가고 있었다. 믿을 수가 없었다.

　다음 날, 채팅방에 속해 있는 모든 아이들에게 사건에 대해 한 명씩 직접 자세히 설명할 수 있는 기회를 주었다. 정말 화가 나고 실망스러운 일이었지만, 최대한 감정을 죽이고 판단을 하지 않고 아이들의 말을 들어주려고 부단히 애를 썼다.

　"제가 잘못한 부분이 있습니다. 깊이 반성하고 있고 어제 주란이에게 전화를 걸어 사과했습니다. 주란이도 받아주었습니다."

"주란이 집 앞까지 찾아가서 용서를 구했습니다. 잘못된 일인 걸 알면서도 멈추지 못해서 정말 미안했습니다."

"주란이에게 사과했습니다. 다행히 주란이가 받아주었습니다. 다시는 이런 일이 없도록 노력하겠습니다."

"장난으로 시작한 일이었는데, 일이 너무 커진 것 같습니다. 주란이에게 사과하겠습니다."

"저는 읽기만 했는데, 방관자가 된 것 같습니다. 주란이에게 어제 사과해서 받아주었습니다. 다음부터는 친구들을 말리겠습니다."

채팅방에 속해 있던 열두 명의 이야기를 한 명씩 듣는데, 감정을 드러내지 않고 판단을 하지 않으려고 온갖 애를 썼는데, 정말 그러면 안 되는데, 나는 폭발하고 말았다. 싸늘하게 말을 이었다.

"선생님이, 정말 내가 너희들 이야기를 천천히 듣고 잘못한 건 용서를 구하고 진심으로 사과할 수 있는 충분한 기회를 주고 싶었어. 그런데, 그런데 있잖아. 선생님이 너희들 이야기를 듣는데, 너무 화가 나는 거야."

"너희들, 선생님한테 걸렸다는 사실을 알고 어제 주란이에게 아마 미리 사과를 한 것 같아. 맞아? 그런데 선생님한테 걸리니까 손바닥 뒤집듯이 말 한마디 사과를 하는 게 너희들이 말하는 진짜 사과야?"

"이 카카오톡 채팅방에 몇 명이 있는 줄 알아? 열두 명이야, 열두 명. 우리 반 스물여섯 중에 열두 명이라고. 너희들이 제발 단 한 번만이라도 주란이라고 생각해 봐. 열두 명이 갑자기 용서해 달라고 전화도 오고 메시지도 오는데, 안 받아줄 수 있어? 아니, 이건 내키지 않아도 받아줘야 해. 왜? 사과를 안 받아주면, 나머지 열두 명이랑 다 돌아서겠다는 건데, 그게 가능해? 이게 사과야? 통보지?"

아이들의 이기적인 태도에 너무 화가 났다. 자신이 덜 혼나기 위해서 혹은 불편한 마음을 편하게 만들기 위해서 사과마저 이기적으로 사용하는 아이들에게서 너무나 큰 실망을 느꼈기 때문이었다. 아이들은 사과를 너무나 쉽게 여기고 있었다. 자신들의 말과 행동에 대한 진지한 성찰 없이 '미안해.'를 습관적으로 뱉고 있는 아이들에게서 나는 도저히 진심을 느낄 수가 없었다. 열두 명을 상담하기 전에 먼저 만난 주란이는 그냥 울고만 있었다. 주란이에겐 엄청난 상처이고 충격인데 아이들은 그걸 너무나 가볍게 여기고 있는 것 같았다.

돌이켜보면 오늘만의 문제도 아이들만의 문제도 아니었다. 선생님 앞에서 '미안해.'라고 툭 뱉고 반성문이나 몇 장 쓰면 되는 게 아이들이 지금까지 일상적으로 겪어온 사과의 방식이었다.

진심을 담아서 사과하는 방법과 진심으로 반성하는 방법에 대해서는 생각해볼 기회가 없었던 것이다. 감정을 주체하지 못하면서까지 아이들에게 나의 생각을 쏟아붙였던 건, "사과했는데요?"라고 나에게 가볍게 물어오는 아이들에게 사과의 무거운 의미를 조금이라도 느끼게 해주고 싶었기 때문이었다.

"내가 왜 이런 어리석은 일을 해서 반성문을 쓰고 있을까 생각해 보았다. 주란이에게 너무나 미안하다. 조금만 더 깊게 생각했다면 주란이도 나도 아프지 않았을 텐데 말이다. 아직 주란이에게 말을 걸기도 미안하다."

"선생님께서 사과를 받아줄 수밖에 없는 주란이의 마음을 생각해 보라고 했을 때, 울음이 쏟아졌다. 내가 주란이라도 사과하고 싶지 않아도 받아줬을 것이다. 주란이는 나에게 괜찮다고 했지만 앞으로 계속 사과를 하고 다시는 이런 일이 일어나지 않도록 해야겠다."

"어떻게 하면 사과를 할 수 있을까? 다시 예전처럼 지낼 수 있을까? 이런 상황을 내가 만들어놓고 이런 고민을 하는 나도 정말 싫다."

- 아이들의 반성문 중에서

'미안해.'를 습관적으로 뱉고 있는
아이들은 사과를 너무나 쉽게
여기고 있었다.

교실에 번져버린
절교유행

'재경이가 너무 싫다. 진짜 싫다. 어제 절교했다. 다시는 안 볼
거다.'

'갑자기 유진이가 말을 안 건다. 어제 절교를 하자고 했다. 학
교 오기가 싫다.'

유진이와 재경이의 아침 글쓰기는 아침부터 나를 굳어버리게
만드는 내용이었다. 평소에도 우리 반에서 둘도 없는 짝꿍으로
유명했던 유진이와 재경이다. 방과 후에도 교실에 마주 앉아 시
시콜콜한 이야기를 나누다 내가 집에 언제 가냐고 물어보면 그
제야 느릿느릿 교실을 나서던 둘이었다. 그 둘이 절교를 했다니.
믿기가 힘들다.

"유진아, 왜 재경이랑 무슨 일 있었어?"

"걔가 저 재수 없다고 말하고 다닌대요."

재경이가 '재수 없다.'라고 말 하고 다닌다는 이야기를 듣고 유진이가 큰 상처를 받은 모양이다. 그리고 곧장 유진이는 재경이에게 '너랑은 절교야.'라는 메시지를 보낸 것이다. 그런데 아마 재경이에게는 왜 상처를 받았는지, 왜 우리가 이제 절교를 할 수밖에 없는지 설명하지는 않은 것처럼 보였다. 나는 유진이의 말을 이었다.

"재경이가 그런 말을 하고 다니는구나. 그럼, 재경이에게도 물어봤어?"

"아니요. 그냥 이야기하기가 싫어요."

"재경이가 정말 그렇게 말하고 다녔는지 정도는 물어볼 수 있지 않을까?"

"근데, 진짜 그렇게 이야기하고 다녔대요."

"그러니까 재경이가 진짜 그랬는지 왜 그랬는지 정도는 물어볼 수 있잖아."

둘도 없는 친구였지만, 유진이는 재경이에게 단 한 번의 해명의 기회도 주지 않고 절교를 선언해버렸다. 벌써 카카오톡 친구 차단까지 해버렸단다. 그것도 건너 건너서 들은 소문만을 믿고 말이다. 하루 내내 모든 신경이 둘에게로 향하고 있었다.

그런데 점심시간이 지나자 그런 나를 비웃듯이 언제 그랬냐며

둘은 예전으로 돌아가 있었다. 다행이었지만 한편으로는 황당하기도 했다. 방금, 아침 시간만 해도 정말 싫다던 말을 남긴 사이였는데 말이다. 방과 후에 교탁 옆에 앉아 무슨 일이 있었냐는 듯이 웃음꽃을 피우던 둘을 불러 어떻게 된 일인지를 물었다.

사건의 내막은 이러했다. 재경이가 유진이의 욕을 하고 다녔던 것은 사실이다. 그런데 그건 벌써 1년 전 이야기라고 했다. 작년 4학년 당시에는 서로 반이 달라 유진이를 잘 몰랐는데, 평소 유진이와 사이가 좋지 않았던 친구가 유진이 욕을 하던 것에 의리랍시고 재경이가 동조를 했던 것이 사건의 시작이었다.

유진이에게 소문을 전달했던 친구는 한참 만에야 그때의 이야기를 했던 것이었다. 하지만 재경이는 5학년이 되어 같은 반이 되고 나니 유진이가 참 좋은 친구라는 생각을 하며 친하게 지냈고, 5학년 때에는 뒤에서 욕을 해본 적도 없다고 털어놓았다. 결국 둘이 서로 잠깐이라도 대화를 나누었다면 없었을 일이었던 것이다.

"그런 일이었구나. 선생님은 걱정 진짜 많이 했어. 그런데 화가 나기도 해. 둘이 이렇게 친한데, 왜 서로에게 변명할 수 있는 기회조차 주지 못하는 걸까? 정말 친한 친구니까 한 번이 아니라 두 번, 세 번도 기회를 줄 수 있을 것 같은데 말이야. '절교'라는 말은 기회를 주고 나서, 그때 고민해서 말해도 될 것 같은데."

유진이와 재경이는 굳어버린 나의 표정에 아무런 말로도 대꾸하지 못했다. 둘뿐만이 아니다. 요즘 우리 반은 '절교'가 유행이다. 어떻게 절교가 유행일 수 있냐고 묻겠지만, 그렇다. 그러나 재경이와 유진이의 절교 사건처럼 우리 반에서의 절교는 그렇게 무거운 의미가 아니다. 물론 아이들에게 그 순간에는 힘든 선택이었는지도 모를 일이지만 아이들은 습관처럼 절교를 선언한다.

특히나 평일 저녁에도 주말에도 스마트폰으로 이야기를 주고받는 요즘 아이들에게 절교는 너무 쉽다. 굳이 만나서 말하지 않아도 키패드로 절교라고 적어 보내기 버튼만 누르면 되는 아주 간단한 일이 되어버렸다. 충분히 대화로 풀어낼 수 있는 일도 아주 사소한 일에도 아이들은 여지없이 절교를 선언한다.

절교가 어떤 의미인지 아직 모르는 탓일 수도 있다. 혹은 주변에서 너도나도 절교를 하니까 나도 화가 난 김에 절교를 해야겠다고 생각할 수 있다. 하지만 이런 우리 반의 절교 유행 속에서 한 가지 안타까운 것은 자신이 친구에게 실망한 것, 속상한 것을 대화 대신 절교라는 극단적인 말로 간편하고 단순하게 표현하려는 아이들의 모습이다.

아직 어떤 방법이 이 절교 유행을 끊을 수 있을지는 모르겠다. 나는 '절교'라는 말 자체를 끊으려는 시도 대신 나와 친구의 관계가 '너 아니어도 친구 많아.'라는 듯이 간단하고 단순한 것이 아니라는 사실을 계속해서 전해주려 한다. 친구 사이가 한 번의 말로, 하나의 버튼 클릭으로 끝내버릴 수 있는 것이 되지 않도록 하기 위해서 말이다. 아이들이 친구를 조금 더 깊게 생각하고 소중하게 생각할 수 있다면, 자연히 절교 유행도 마지막을 맞이하지 않을까 싶다.

/
대화로 풀어낼 수 있는
사소한 일에도 아이들은
여지없이 절교를 선언한다.
/

6학년 3반이 만든

최고의 친구가 되는 방법

1. 친구 이해해주기

2. 친구 고민 들어주기

3. 친절하게 대하기

4. 비밀 잘 지켜주기

5. 긍정적으로 행동하기

6. 친구가 원하는 대답해주기

6학년 3반이 만든

최악의 친구가 되는 방법

1. 이기적인 행동하기

2. 뒷담화하기

3. 짓궂게 장난하기

4. 대답하지 않고 무시하기

5. 친구 놀리기

모범생이어야만 하는 재현이

"오늘은 반장 선거가 있는 날이에요."

반장 선거가 있는 날이다. 우리 반 반장은 모두가 인정하는 모범생 재현이가 만장일치에 가까운 득표로 뽑혔다.

"선생님을 도와 우리 반을 잘 이끌고 친구들에게 모범이 되는 반장이 되겠습니다!"

재현이는 참 기특한 아이다. 매사에 열심히 임하고 '솔선'이라는 덕목을 참 잘 보여주는 아이다. 교실의 규칙도 잘 지키고 친구들에게는 항상 양보하며 어른들에게는 항상 예의 바르게 말하고 행동하는, 말 그대로 모범생이다. 당연히 선생님 입장에서도 친구들 사이에서도 신뢰가 두터운 학생이다. 뭐든 믿고 맡길 수 있고 무얼 부탁해도 척척 해내는 재현이다.

　재현이에게서 다른 이야기를 들었던 건 청소년단체 1박 2일 캠프에서였다. 물론 재현이는 청소년단체에서도 같은 단체의 아이들을 이끄는 학생 대표다. 아이들과 한바탕 저녁 식사를 위한 취사를 마치고 정해진 다음 활동까지 자유롭게 뛰어놀 수 있는 시간을 갖기로 했다. 나도 자유 시간을 갖다가 아이들이 어떻게 놀고 있나 살필 겸 운동장으로 나갔다. 공을 차고 있는 아이, 모여 앉아서 밤새 해도 모자랄 수다를 떨고 있는 아이들까지. 다들 자유롭게 시간을 만끽하고 있었다. 그런데 재현이. 재현이가 보이질 않았다.

　"얘들아, 재현이는 어디 있어?"

　"재현이는 텐트에 있을걸요?"

　"재현이만?"

　"네, 재현이가 우리 짐 지켜준다고 했어요."

　재현이가 또 아이들을 위해서 솔선해서 짐을 지키겠다고 했나 보다. 참 보기 드문 배려와 희생의 아이콘이다. 같이 있어 줄 겸, 나도 아이들 텐트로 향했다. 멀리서부터 우뚝 서 있는 재현이가 보였다.

　"어이~ 재현이, 뭐 하냐?"

　"안녕하세요~ 선생님! 친구들 짐 지켜주고 있어요!"

　재현이와 둘이 텐트 옆 평상에 앉았다. 우리 반 반장인데, 이렇게 단둘이 대화를 하는 깃도 처음이라는 생각이 들었다.

"역시 김재현, 친구들 짐 지켜준다고 자유 시간까지 반납한 거야? 대단한데?"

내 장난스러운 칭찬에 재현이가 머쓱한 웃음을 지어 보였다. 그런데 갑자기 재현이가 울음을 터뜨렸다. 나는 화들짝 놀라 물었다.

"재현아, 왜 그래? 왜 울어?"

재현이는 말을 잇지 못했다. 어떤 슬픔인지 가늠할 수 없었다. 다만 꽤 오래 참아온 눈물이라는 생각이 들었다. 난 더 묻지 않고 그냥 재현이를 다독여주었다. 재현이는 참지 않고 눈물을 모두 쏟아낼 필요가 있어 보였다. 어느 정도 진정이 된 재현이에게 다시 물었다.

"재현아, 선생님한테 무슨 일인지 말해줄 수 있겠어?"

"실은, 저도 너무 놀고 싶은데. 너무 힘들어요."

"음… 그럼, 짐 지키는 방법을 정하고 돌아가면서 놀러 가면 되잖아."

"그런데 제가 대표잖아요. 제가 안 지키면 누가 지켜요?"

아차, 나도 잊고 있었다. 재현이도 다른 아이들같이 뛰어놀고 싶고 웃고 싶고 즐겁고 싶은 똑같은 열세 살짜리 어린아이라는 걸 말이다. 재현이에게 책임감이 얼마나 무거운 짐이었을까 싶었다. 재현이는 2년째 청소년단체의 대표 학생 역할을 맡고 있고, 청소년단체의 캠프에서 자유 시간 내내 놀지 못하고 짐을 지킨 것도 2년째라고 털어놓았다.

"재현아, 선생님도 한 번도 생각해보지 못한 일인 것 같아. 네가 무언가를 잘한다는 아이인 줄만 알았지, 너의 마음에 대해서는 생각해보지 못한 것 같아. 아이들 앞에서 모범을 보이고 희생하는 게 사실 힘들어?"

"네… 부모님이나 선생님, 친구들은 모두 저에게 그런 역할을 기대하는데 저도 놀고 싶고 이건 너무하다 싶어서 화를 내고 싶을 때도 있어요. 그런데 그러면 안 될 것 같다는 생각이 자꾸 들어서 힘들어요."

"이 세상에 완벽한 사람은 없어. 선생님도 그래. 그리고 완벽하려고 노력하지 않아도 돼. 화가 나면 화도 내고 짜증이 나면 짜증도 내는 거지. 그냥 있는 그대로의 너를 사랑하는 거야."

"그렇지만…."

재현이의 깊은 상처는 언제, 어디서부터였을까? 재현이는 모범생이라는 밧줄로 자신을 조이고 있었다. 나도 아이들도 부모님도 재현이가 모범생이라는 사실에 얼마나 익숙해져 있는지 재현이 본인이 잘 알고 있었다. 재현이는 모범생이어야만 했다. 그렇게 주변의 기대와 바람 속에 자신을 맞추고 있었고 그게 버거웠던 것이었다. 그동안 알게 모르게 조금씩 상처가 벌어지더니 이젠 꽤 깊어진 모양이다.

캠프가 끝난 뒤 돌아온 교실에서의 재현이 모습은 여전히 그 대로였다. 그리고 우리도 그대로였다. 모두가 재현이에게 좋은 모습과 바른 모습들을 바랐고 기대했다. 재현이는 아이들의 짓 궂은 장난에도 웃음으로 답했고, 교실에서 생기는 궂은 일에 싫 은 내색 없이 최선을 다했다. 여전히 재현이는 우리에게도 자기 자신에게도 모범생이었다.

재현이를 위해 학부모 상담을 통해서 재현이 부모님과 함께 일을 꾸미기로 했다. 일명 〈농구 프로젝트〉다. 뭐든지 잘하고 모 범적인 재현이에게 마냥 완벽할 수는 없음을 스스로 인정하게 하고, 주변의 시선에 대한 부담감도 내려놓게 해주기 위한 프로 젝트였다. 평소 재현이는 농구를 좋아하는데, 실력이 좋지는 않 다. 그래서 학교에서 친구들이 농구를 하더라도 같이 하지 않는 재현이다. 그런 재현이를 농구장으로 끌어들이기로 했다.

"선생님이랑 농구 할 사람? 선생님이 농구 진짜 잘하거든."

평소 농구를 좋아하는 아이들이 득달같이 모여들었다. 넌지시 재현이에게도 하겠냐고 물으니 역시나 하지 않겠다고 답한다. 안 할 사람들은 선생님 실력 구경이라도 하라고 너스레를 떠니 어느새 재현이를 포함한 우리 반 모두가 농구장으로 가게 되었다. 사실 농구랑은 거리가 먼 나다. 우리 반에서 농구를 좋아하고 키 성장이 가파른 친구들과 붙으면 난 필패다. 〈농구 프로젝트〉의 시작점이 여기에 있었다. 선생님의 패배, 실수, 빈틈. 완벽할 것 같은 선생님도 못 하는 게 있고 잘하지 못하는 것을 주변에 들키더라도 아무렇지 않다는 것을 알려주고 싶었다. 나도 너도 다르지 않음을.

농구를 지켜보던 아이들이 웃고 난리가 났다. 망가지는 나를 보니 웃음꽃이 절로 피는 모양이다. 재현이도 옆에서 키득키득 웃고 있었다. 재현이가 망가지는 나에게서 용기를 얻었는지 부모님께 용기를 얻었는지 모르겠지만, 재현이는 그 후로 나와 함께 혹은 친구들과 함께 중간놀이 시간, 점심시간마다 농구를 하느라 땀에 흠뻑 젖었다.

"야, 김재현, 네가 오늘 놓친 게 몇 개야? 너 때문에 진 거야!"

"야, 연습경긴데 지면 어때서 그러냐?"

우리 반에서 농구를 제일 잘하는 세한이가 재현이를 구박하며 들어오는 모습을 보면서, 세한이의 구박에 맞받아치는 재현이를 보면서 내가 어느 정도 의도한 대로 프로젝트가 흘러가고 있구나 싶었다.

재현이의 뒷이야기를 조금 더 밝히면, 재현이는 계속 농구에 더 빠져들었다. 해가 지도록 농구장에서 공을 던지던 재현이었으니까 말이다. 그리고 재현이는 싫은 건 싫다고 솔직하게 말하는 친구가 되었다. 재현이가 친구와 말다툼을 벌이고 있다는 고자질이 들어오기도 했다. 전에는 상상할 수 없던 일이다. 그렇게 재현이는 여전히 착하고 주어진 일도 열심히 하는 바른 친구지만 가끔은 화도 내고 가끔은 이상한 행동도 하는 그냥 열세 살의 친구가 되어 있었다.

아이들에게 긍정적인 감정을 갖고 긍정적으로 행동할 수 있도록 안내해주는 것이 선생님의 중요한 역할이다. 하지만 재현이와의 지난 1년은 자신이 완벽한 존재가 아님을 깨닫고 자신에게 피어나는 부정적인 감정을 있는 그대로 인정하고 적절한 방법으로 솔직하게 표현할 수 있도록 돕는 것 역시 선생님의 중요한 역할이라는 것을 깨닫게 된 시간이었다.

"선생님, 지난 학기에 재현이에게 농구를 강제적으로라도 시켜보면 어떻겠냐고 제안해주셔서 너무 감사드려요. 에너지를 밖으로 내보내는 재현이가 이전보다 더 밝고 행복한 아이가 된 것 같아요. 감사합니다."

- 재현이 학부모와의 통화 중에서

1년짜리
밀당

지각, 조퇴, 지각, 조퇴, 지각, 조퇴.

하루가 멀다 하고 지각과 조퇴를 반복하는 서민이는 오늘도 학교에 늦게 오려나 보다. 오늘 1, 2교시에 재밌는 일이 있을 거라고 일찍 학교에 와달라고 어제 서민이에게 부탁을 했는데, 오늘도 지각이다. 서민이가 없는 교실에서 준비한 수업을 하고 있는데 정작 온통 신경은 서민이에게 있다.

1교시가 끝나갈 무렵, 교실 앞문이 열리고 서민이가 들어왔다.

"안녕하세요, 선생님."

"안녕! 서민아."

냉큼 반갑게 인사를 건넸다. 부끄러운지 서민이는 가벼운 목례만 남긴 채 자기 자리로 돌아갔다. 서민이는 아픈 역사가 있는 아이다. 사실 이렇게 매일 교실에 오는 것만으로도 서민이에겐 상당히 벅찬 일이라는 것도 잘 안다. 하지만 서민이의 초등학교 마지막 담임선생님인 나는 서민이에게 학교의 의미를 바꿔주고 싶은 마음이 있다. 그렇지만 서민이에게도 나에게도 정말, 어렵고 지루한 시도다.

"최서민, 너 선생님이 그렇게 부탁을 하는데, 왜 그러는 거야?"

"네가 선생님과의 약속을 지키지 않으면, 나도 너와의 약속 지킬 수 없어!"

"버텨보기로 했잖아. 오늘 또 왜 그러는데?"

담임선생님은 연임을 하지 않는 이상, 보통 아이들과 1년이라는 시간을 부여받는다. 계절이 네 번이나 바뀌는 참 긴 시간이지만, 아이들에게 영향을 미치기 위한 시간으로는 참 부족한 시간이다. 그래서인지 조바심이 난다. 어떻게든 아이들에게 긍정적인 영향을 미치고 올바른 방향으로 이끌어주고 싶은데, 절대적인 시간이 참 부족하다. 나는 서민이를 재촉한다. 하루라도 빨리, 서민이가 바뀌길 간절하게 소망하기 때문이다. 그러나 그런 재촉은 대부분 좌절감과 무기력감으로 돌아온다. 그리고 나의 좌절감과 무기력감은 고스란히 서민이에게로 향한다.

"모든 걸 다 바꾸려고 하지 마. 다 바꾸려고 애쓰면 지치게 되고 결국에는 그 아이에게 좋지 않은 영향을 미치게 돼."

선배 선생님들께서는 1년이라는 시간이 짧다는 것을 인정하고 모든 걸 바꿀 수 없다는 사실을 받아들이라고 말씀해주신다. 완벽하게 다 고치려고 애쓰기보다는 그 아이에게 할 수 있는 일을 찾아서 아주 천천히 단 하나라도 바꿀 수 있도록 노력하라고 말이다. 신규교사인 나도 잘 알지만, 참 쉽지가 않다. 서민이를 보면 조금이라도 더 안아주고 싶은 욕심이 나고, 하루라도 빨리 학교에 대한 상처가 아물 수 있도록 해주고 싶은 욕심이 먼저 피어나기 때문이다. 아무래도 서민이를 향한 나의 욕심은 1년 내내 밀당을 해야 할 모양이다.

"선생님 덕분에 학교에 오는 게 덜 힘들어졌어요."

이번 주에 서민이가 적은 행복한 일(우리 반 환경부에서는 일주일마다 '행복한 일'을 써서 게시하는 정책을 운영하고 있다.)에는 학교에 오는 게 덜 힘들어졌다는 내용이 담겨 있었다. 삐뚤빼뚤한 글씨체에 꾹꾹 담긴 서민이의 말에 어찌나 기쁘던지. 서민이가 제자리걸음을 하고 있는 것만 같아 지쳤던 내 마음에 비타민을 끼얹는 느낌이다. 아주 조금씩이더라도 아주 천천히라도 차츰차츰 나아가는 서민이의 발걸음에 기분 좋은 밀고 당기기를 해줄 수 있는 선생님이길 간절히 바란다.

모든 걸 다 바꾸려고 애쓰면
지치게 되고 결국에는 아이에게
좋지 않은 영향을 미치게 돼.

선생님이
미안해

내가 담임교사가 되면서, 지키고 싶었던 일들이 몇 가지 있었다. 이 중에서 내가 가장 중요하게 지키고 싶었던 일은 '아이들을 편견 없이 생각하기'였다. 하지만 자신이 가장 지키기 힘든 일들에 대한 것들이 곧 자신의 좌우명이 되고 다짐이 되듯, 이 다짐을 지키기가 참 어렵다.

수북이 쌓여 버린 상처의 말들

또 싸우고 말았다. 싸우는 날이면 시후를 불러다가 행복한 내일을 같이 다짐하지만, 오늘도 여지없었다. 여자아이들이 몰려와 시후의 잘못들을 낱낱이 고자질한다. 본래 말을 툭툭 던지는 성격이라 친구들과 다툼이 잦다. 나는 완벽한 선생님이 아닌지라 매일 다른 친구들의 고자질 대상이 되는 시후가 그저 좋게만 보이지는 않는다.

오늘도 시후에 대한 고발이 내 귀로 들어왔다. 아직 나는 교실에 채 도착하지도 못했는데, 아이들이 쪼르르 달려와 고자질이다. 청소 시간에는 청소하는 아이들을 방해하지 않기 위해서 교실에 들어가지 않기로 했는데, 의자를 책상에서 내려 앉아 책을 읽고 있다고 한다. 한숨을 한 번 푹~ 쉬고, 교실로 향했다.

"청소 시간에는 청소하는 친구들 방해하지 않기로 했잖아."

"아니, 제 쪽은 청소 다 됐으니까요. 그래서 그냥 의자 내리고 앉았어요."

"약속했잖아. 교실에 들어가지 않기로. 왜 자꾸 선생님 실망시키니?"

시후는 울먹였다. 내가 하는 말들에는 깊은 한숨이 묻어났다. 솔직히, 계속되는 아이와의 마찰에 마음이 지친 상태였다. 사실 청소가 다 되었다면 교실에 들어가 앉아도 상관없을 일이었다. 하지만 나는 시후의 손을 들어주고 싶은 생각이 없었다. 그동안의 말썽이 괘씸했기 때문이었다. 나는 시후에게 반성문을 요구했다.

시후는 A4 한 장을 가득 채운 반성문을 나에게 가져왔다. 반성문에는 선생님께 미안한 마음, 그리고 자신에 대한 한탄이 가득했다. '선생님이 본 학생들 중에서 제가 최악이라고 하셨는데 정말 제가 생각해도 저 자신이 최악이라는 생각이 듭니다.', '전 왜 이럴까요?', '전 안 될 것 같아요.' 그동안 나도 모르는 사이에 얼마나 시후에게 상처 주는 말을 했는지, 반성문에 고스란히 녹아 있었다.

사실 오늘의 사건은 반성문을 쓸 일도 크게 잘못한 일도 아니었다. 분명한 행동의 이유가 있었고, 그래도 약속은 지켜야 하니까 교실에서 나가자는 너그러운 말로 충분히 해결되고도 남을 일이었다. 하지만 나는 시후에게 가시 박힌 말로만 대했다.

네가 먼저 잘못한 거 아니야?

승준이와 혜민이의 감정싸움이 벌써 한 달째다. 특히 체육 시간만 다녀오면 혜민이는 꼭 울면서 들어온다. 승부욕이 강한 승준이가 체육 시간을 핑계로 운동에 소질이 없는 혜민이를 자꾸 건드리는 모양이다. 감정싸움이 해결될 만하면 승준이가 자꾸 혜민이를 건드리는 바람에 화해 전선이 어그러지는 일이 한두

번이 아니었다. 역시나 완벽한 선생님이 아닌 나는 그런 승준이
가 야속하다.

오늘 체육 시간도 여지없었다. 혜민이가 뒷문을 열고 들어오
는데 펑펑 눈물을 쏟고 있다. 승준이도 뒤이어서 씩씩거리며 들
어온다. 여자아이들에게 울고 있는 혜민이를 부탁하고 승준이를
불렀다.

"휴… 승준아, 또 무슨 일이야?"

"쟤가 제 머리 스타일 가지고 놀려서 사과하라고 했는데 안 하
잖아요."

"솔직히 선생님은 잘 모르겠어. 매일같이 체육 시간마다 싸우
고 오고. 승준이 네가 자꾸 혜민이 괜히 긁어대는 거 아니야?"

"아니에요! 진짜 쟤가 먼저 놀렸다고요."

"그래서 놀려서 너는 어쨌는데?"

"피구공 던졌어요."

"놀리면 막 피구공 던지고 그래도 돼?"

"…."

"혜민이 울고 있으니까 가서 사과해."

승준이는 주먹을 쥔 채 혜민이에게 가서 사과했다. 돌이켜보면
승준이가 잘못했다고 단정해놓고 승준이를 대한 건 아닌가 싶었
다. 사건이 어떤 상황이건 간에 그동안 승준이가 만들었던 싸움

들 때문에 승준이의 편을 들어줄 마음이 아예 없었던 게 아닌가 하고 말이다. 울음을 그친 혜민이에게 사건의 경위를 물어보니 승준이의 말과 크게 다르지 않았다. 나의 말에 어쩔 수 없이 먼저 사과를 한 승준이는 얼마나 억울했을까. 혜민이에게도 똑같이 승준이에게 사과하도록 했지만, 나도 승준이도 찝찝한 마음이었다.

또, 왜 이러는 건데?

미주는 남아서 할 일을 마저 하고 가라는 나의 부탁에도 나 몰래 우리 반을 도망쳐 나갔다. 물론 오늘도 숙제는 빈 공간이다. 아침 내내 머리카락만 계속 만지작거릴 뿐, 아침에 해야 할 일들도 관심이 없어 보인다. 매일이 제자리걸음이다. 여전히 나는 완벽한 선생님이 아닌지라, 내 마음에 들지 않는 행동을 하는 아이가 다른 아이들과 똑같이 사랑스럽지는 않았다. 듣기 좋은 말이 그 아이에게 닿을 리 없었다.

그러던 어느 날, 나는 급식을 먹기 시작한 지 무려 40분이 다 되어 가는데도 아무 말 없이 수저를 내려두고 급식판을 그저 바라보고만 있는 그 친구를 답답하게 내려다보고 있었다. 원래도 급식을 늦게 먹는 편이긴 했지만, 오늘은 아예 먹으려고도 하지 않고 있었다.

"못 먹겠어? 배불러?"

"…."

"더 못 먹겠으면 정리해서 들어가자. 이제 5교시 시작할 시간
도 다 됐어."

"…."

"하… 신생님한테 뭘 얘기를 해 줘야지. 이제 다른 학년 점심
시간이야."

"…."

"일어서. 가야 돼."

아이는 내 물음에 어떠한 대답도 없었다. 답답했다. 내가 마지
막으로 뱉은 말은 싸늘한 기운이 담겨 있었다. 급식이 먹기가 싫
으면 얘기를 해야지, 왜 나에게 아무 말도 없는 것일까? 그냥 대
답 없이 버티면 해결된다고 생각하는 걸까? 화가 났다. 난 뒤도
돌아보지 않고 그대로 교실로 향했다.

그 사건이 있었던 날 오후, 아이들이 다 빠져나간 빈 교실에 앉
아 있었다. 책상 위를 물끄러미 보는데, 그 친구 책상 위에 수상
한 병이 하나 놓여 있었다. 혀에 난 혓바늘을 치료하는 '알보칠'
이라는 약이었다. 아차, 싶었다. 왜 급식을 먹지 못하고 입을 다
문 채로 내 물음에도 답이 없었는지 이해가 되는 순간이었다.

다음 날도 급식을 먹지 못하고 끙끙대는 아이에게, "혓바늘 때문에 못 먹는 거야?"라고 물었더니 그제야 고개를 끄덕였다. 나는 왜 전날 급식소에서 아이 반응을 걱정하기보다 화가 먼저 났을까. 아마 내가 이 아이를 비뚤어진 마음으로 바라보고 있었던 것은 아닐까? 우리 반의 반장이 급식을 먹지 못하고 앉아 있었더라도 과연 내가 걱정보다 화를 먼저 냈을까?

정작 문제는 비뚤어진 안경을 끼고 있는 나에게 있었다. '편견 없이 아이들을 생각하겠다.'는 다짐은커녕, 다짐을 지키지 않고 있는 나를 전혀 돌아보지도 못하고 있었다. 나 자신이 참 실망스러웠다. 아이들을 먼저 이해하겠다던 내가 뭘 하고 있는 건지 원망스럽기도 했다. 나로 인해 나도 모르는 사이에 상처받았을 아이들에게 너무나 미안했다.

다시 다짐을 마음에 새기고, 아이들에게 처음처럼 다가가기로 마음먹었다. 다짐의 위기는 나 자신의 문제에서 시작했기 때문이다. 나는 나로 인해 상처를 받았을 아이들을 위해, 힘을 내서 다시 시작하려고 한다. 편지로 아이들에게 사과를 구했다. 짧은 편지 하나로 아이와 나의 관계가 한 번에 나아질 수는 없겠지만, 나는 꼭 미안한 마음을 편지에 담아 전하고 싶었다.

'시후의 반성문 읽었는데, 선생님이 그동안 너에게 선생님도 모르는 사이에 얼마나 상처 주는 말을 했는지 알 수 있었어. 선생님이 정말 미안해요. 그리고 전 안 될 것 같아요가 아니라 우린 할 수 있어! 다시 힘내서 파이팅 하자!'

'이번에 혜민이랑 있었던 일을 생각하면서 선생님이 얼마나 승준이를 믿지 않았는지 돌아보게 되었어. 분명, 혜민이가 먼저 시작한 일인데 선생님은 승준이 잘못만 생각했던 것 같아. 먼저 사과해달라는 선생님 말을 잘 들어준 너에게 고맙기도 하고 미안하기도 해. 앞으로는 승준이를 더 믿고 공정하게 대하도록 노력할게.'

'미주야, 선생님이 이해하려고 하지 않고 매일 듣기 싫은 말만 해서 미안해. 아직은 선생님의 사과를 받아들이고 싶어 하는 것 같지 않지만, 나중에라도 선생님한테 서운하거나 하고 싶은 이야기가 있으면, 언제든지 와서 이야기해 줘. 언제든지 기다리고 있을게.'

아직 나는 모든 게 서툴러서 아는 길도 돌아가고 쉬운 것도 실수하는 신규교사다. 그런데 내가 피해를 보고 혹은 일을 못 한다고 선배 선생님들께 꾸중을 듣는 것은 얼마든지 견딜 수가 있지만, 경험이 적은 나의 크고 작은 실수들로 아이들이 상처받고 있음을 알게 되는 순간은 정말 견디기가 힘들다. 단지 이 문제들이 반복되지 않기를 다짐하고 또 다짐해 볼 뿐이다.

우등생 수훈이에게
부족한 점

도덕 시간이었다. 5모둠이 시끌시끌하다. 평소에도 의견 충돌이 많은 모둠이기는 한데, 오늘따라 언성이 더 높아지는 걸 보니 오늘도 의견이 쉽게 모이기는 틀렸다. 모둠원끼리 어른 공경 프로젝트 계획을 세우는데, 공경의 대상을 선정하는 것에서부터 의견이 갈린 모양이다.

가만 들어보니, 희진이랑 석주는 유치원 선생님들을 도와드리는 일을 하고 싶은데, 수훈이는 강경한 통상수교거부정책을 펼쳤던 흥선대원군처럼 절대 받아들일 모양이 아니다. 계획서 제출 시간은 다가오고, 그럴수록 세 명은 더욱더 자기들의 의견을 내세우기에만 바쁘다. 결국, 제출된 5모둠의 계획서에는 '유치원 선생님'이 적혀 있었다. 아무래도 수훈이가 양보 아닌 양보를 한 모양이다. 쉬는 시간에 책상에 엎드린 수훈이를 잠깐 불렀다.

"수훈아, 도덕시간에 의견 조정하는 게 쉽지 않았어?"

"음… 저는 유치원에는 가고 싶지 않은데요. 막 애들이 가자고
해서요. 음… 좀 짜증났어요."

"맞아, 내 마음대로 되지 않으면 짜증이 나기도 하지. 선생님도
그러는걸? 결국, 수훈이가 양보한 것 같던데, 이유가 뭐였어?"

"희진이랑 석주는 유치원 선생님 돕는 일에 찬성했거든요."

"그래, 모든 일들을 전부 다 내 마음대로 할 수는 없어. 때로는
양보하고 또 가끔은 욕심부리기도 하는 거야. 이번에는 수훈이
가 멋지게 양보했으니까, 모둠에서 정한 대로 해보는 거야. 또,
알아? 뭔가 새로운 일이 생길지도 모르잖아?"

아쉬움의 숨을 삼키는 수훈이었지만, 나의 말을 이해했는지 금
세 고개를 끄덕여 보였다. 사실 속으로 이 순간이 아직은 어린 수
훈이에게 소중한 기회라고 생각했다. 수훈이는 주어진 과제도
뚝딱 잘 해결하고 공부도 곧잘 하는 한마디로 '우등생'이다. 하지
만 우등생인 수훈이에게도 한 가지 부족한 점이 있었다.

바로 상대를 향한 배려와 양보였다. 아마도 우등생인 수훈이에
게는 자신의 의견을 양보하는 경험보다는 자신의 의견이 선택되
는 일들이 훨씬 많이 있었을 것이다. 다시 말하면, 수훈이는 실패
보다는 성공에 익숙해져 있었다. 자연스럽게 수훈이는 모둠 활

동에서 상대의 의견에 대해 고집스럽고 공격적인 모습들을 많이 보였다. 실제로, '가만히 있어 봐.', '그건 아니야.', '안 돼.'는 모둠 활동에서 수훈이가 가장 많이 쓰는 말이었다.

나는 그런 수훈이가 모둠 활동을 통해 자신의 의견을 가끔은 내려놓고 상대의 의견을 위해 배려하고 양보하는 경험을 더 많이 해보고, 그 경험이 얼마나 행복하고 새로운 일들을 만들어 내는지를 직접 경험하기를 바랐다.

의견 충돌로 어긋난 공경 프로젝트를 하나의 소중한 기회로 생각한 것도 여기에 있었다. 수훈이가 자신의 의견과는 다른 프로젝트를 직접 수행하며 생각을 바꿀 수 있다면, 수훈이에게도 특별한 경험이 될 것이 분명했기 때문이다.

일주일 뒤, 공경 프로젝트를 실행하는 도덕 시간. 5모둠은 우리 학교 부설 유치원으로 향했다. 5모둠 세 명은 각 반으로 찢어져 유치원 선생님들을 도와 선생님들에게 공경의 마음을 전달할 계획이었다. 5모둠을 포함한 우리 반 아이들 모두가 학교 곳곳에 뿔뿔이 흩어져 공경 프로젝트를 실시하고 있는 바람에 유치원에 오래 있을 수는 없었지만, 수훈이가 어떻게 프로젝트를 수행하고 있을지 너무 궁금했다.

우리 반의 공경 프로젝트가 모두 종료되고, 유치원에서 돌아온 수훈이를 곧장 불렀다.

"수훈, 유치원 가서 뭐 했어?"

"아기들이랑 놀아줬어요! 중간놀이 시간이었거든요."

"그래, 어땠어?"

"진짜 재밌었어요. 귀엽고. 유치원 수업하는 거도 보고 신기했어요."

"어이구, 잘됐네. 고생했어. 봐, 다른 친구 의견도 생각보다 재밌지?"

"네!"

수훈이의 한층 높아진 목소리와 웃음이 참 좋았다. 자신의 의견은 아니었지만, 친구들의 의견도 얼마든지 '성공'이 될 수 있다는 낯선 사실을 어느 정도는 이해하지는 않았을까 싶었다. 어쩌면 자신이 아쉬움을 삼키며 했던 배려와 양보가 새로운 성공을 만들 수 있다는 것도 잠깐이나마 경험했을지도 모른다.

며칠 후에도 5모둠은 또다시 의견 충돌로 시끌시끌해졌다. 그 중심에는 여전히 통상수교거부정책을 펼치는 수훈이가 있었다. 나는 수훈이가 며칠 만에 몇 번의 모둠 활동으로 단번에 바뀌기를 기대하지는 않는다. 단지 수훈이에게 배려와 양보를 통해 만들어지는 새롭고 또 행복한 경험의 기회를 전해주고 싶을 뿐이다. 그 경험들이 쌓이고 쌓여 결국 미래의 수훈이를 더 멋진 친구로 만들 수 있을 거라고 확신하기 때문이다.

아쉬움을 삼키며 했던 배려와 양보가
성공을 만들 수 있다는 것을
경험했을지 모른다.

신규교사 경력 3년,
초등학교 선생님으로서
치열했던 삶과 고민들

4부 — 참 잘했어요, 선생님

최고의
수업을 하다

"선생님이 목이 아프면 수업이 잘 안 됐다는 거야."

선배 선생님께 목이 아프다고 앓는 소리를 했더니 이러신다. 사실 처음 듣는 이야기는 아니었다. 학습자 중심의 교육이 강조되고 있는 지금의 교육에서 '선생님 목이 아프다.'는 것은 교사 중심 교육을 상징하는 것이기도 하다. 즉, 수업이 잘 되지 않았다는 것은 학습자 중심의 교육이 제대로 되지 않았다는 걸 의미하는 것이다.

보통 수업은 교사가 40분짜리 수업을 치밀하게 계획해서 도입-전개-정리 단계에 맞게 준비한 대로 깔끔하게 진행하는 것이라는 생각이 일반적이었다. 하지만 최근 학습자 중심 혹은 배움중심 교육과 통합적 사고를 요구하는 교육이 대두되면서 지금까지의 생각들에 교사들은 조심스럽게 의문을 던지기 시작했다. 일반적인 수업 진행 방식을 대학생활과 교육실습 내내 배워왔던 나에게도 이러한 교육 흐름의 변화는 조심스러운 일이었다. 어떻게 진행해야 하는지도 수업이 잘 될 수 있을지에 대한 확신도 없었기 때문이었다. 항상 신규교사에게 가장 부담스러운 건 확실한 판단과 결정이다.

그래도 신규교사가 좋은 게 뭔가, 초보운전 딱지 달고 주변에 양해를 구할 수 있다는 것 아니겠는가. 일단 부딪쳐보기로 했다. 우리 지역 언어에 대한 수업을 계획하면서 나는 아이들에게 수업을 최대한 넘겨줘 보기로 했다. 짧은 호흡과 꽉 짜인 수업 계획을 조금 더 긴 호흡으로 유연하게 구성했다. 어쩌면 빈틈이 많은 수업이었다. 지금까지 내가 배웠던 수업을 생각해보면, 참 엉성한 수업 계획이었다.

"선생님이 우리 지역의 말이 처한 위기에 대한 글을 보여주었어요. 그리고 우리 제주어를 지키기 위한 노력을 기울여야겠다는 생각이 이렇게 모였네요. 그럼, 우리가 이번 수업을 배우면서 무얼 하면 좋을까요?"

아이들 표정이 멍하다. 하긴 교사들에게도 아직은 어색한 수업인데 지금까지 일반적인 수업 방식에 익숙해진 아이들에게 내 질문의 의도를 한 번에 알아들으라고 하는 건 무리인지도 모르겠다.

"음… 우리가 제주어를 지키기 위해서 앞으로 무얼 배울지 혹은 무얼 해볼지를 우리가 직접 정해보려고 하는 거예요. 이번 수업을 통해서 해보고 싶은 것, 해야 하는 것들을 나름대로 생각해보고 마음껏 이야기해 보세요."

"제주어 속담을 공부해요."

"제주어를 적은 공으로 박을 맞추는 거예요. 콩 주머니 던지기처럼요. 그리고 박을 터뜨리면 '제주어를 지킵시다!'라는 문구가 나오는 거예요."

"우리가 제주어를 먼저 공부해야 해요."

"피켓을 만들어서 쉬는 시간마다 제주어 캠페인을 하는 거예요!"

"제주어 골든벨 합시다!"

"전교생 대상으로 제주어 축제를 해보면 어때요?"

살짝 서로 눈치를 보더니 이내 수많은 아이디어들이 쏟아져 나왔다. 내 예상 가능한 범위 안에 있는 아이디어들도 있었고 예상 범위 밖의 이야기들도 많았다. 아이들의 아이디어들은 발칙했고 흥미로웠다. 아이들의 생각을 충분히 들은 뒤, 쉬는 시간을 잡아먹으면서까지 칠판에 적힌 생각들을 함께 정리하고 덜어내면서 앞으로의 수업 계획을 함께 만들었다.

제주어 만나기	제주어 살리기
1) 제주어 속담 배우기 2) 제주어 노래 배우기 3) 제주어 동화 읽기 4) 제주말모이 5) 제주어 포스터 만들기 6) 논설문 작성하기	**<혼저옵서예 제주어 축제>** **매일** 제주어 캠페인 **1일차** 제주어 속담 배우기 **2일차** 제주어 동화 상영 **3일차** 나무 제주어 사전 만들기 **4일차** 제주어 책갈피 만들기 **5일차** 제주어 골든벨

세상에, 제주어 축제를 하게 될 줄이야. 전혀 예상치 못한 일이었다. 심지어 우리 반만을 위한 것이 아니라 전교생을 대상으로 하는 축제를 하겠단다. 게다가 아이들에게는 아주 소중한 중간 놀이 시간을 내줘야 하는 일이었다. 선생님인 내가 일방적으로 계획하고 통보했다면, 아이들은 받아들일 수 있었을까 싶은 수업 계획이었다. 자연스럽게 아이들은 축제 운영을 위해서 속담, 노래, 동화를 배우고 또 '말모이'를 통해 다양한 제주어를 공부해보기로 결정했다. 그리고 캠페인을 위해서 제주어를 지키자는 메시지를 담은 논설문과 포스터를 만들어 축제에 활용하자고 계획했다.

나의 걱정을 비웃듯 아이들은 내가 만든 수업의 빈틈을 차곡차곡 자신들만의 색으로 채워나갔다. 이제 나는 아이들의 제안에 적절한 자료와 방법들을 수업에서 제안해주면 그만이었다. 수업의 도입, 즉 동기유발도 필요하지 않았다. 자신들이 직접 계획한 수업이라는 것만으로도 아이들에게는 충분한 동기가 되었고 아이들은 어느 수업보다도 더 적극적으로 참여했다.

수업은 함께 만든 계획대로 잘 진행되었다. 제주어 축제는 방학하는 날까지 매 중간놀이 시간마다 아이들의 주도로 운영되었다. 교실에 내 목소리보다 아이들 목소리가 훨씬 많았다. 축제를 운영하느라 힘들었다는 아이들의 투정에 오히려 기쁜 마음이 들었던 건 내 목이 아프지 않았다는 사실 때문만은 아니었다.

아직은 1년 내내 아이들과의 모든 수업을 이렇게 구성할 수는 없다. 하지만 분명한 것은 최악의 수업을 통해서도 알았듯, 수업에서 가장 중요한 건 바로 아이들이라는 점을 확인했다는 것이다. 최악의 수업처럼 잊지 말자고 다짐했다. 내 첫 번째 최고의 수업을 말이다.

< 제주어 축제 계획 >

혼저옵서예!

기간: 7/22 ~ 7/26

시간: 중간놀이 시간

장소: 도서관

7/22 - 제주어 속담 배우기

7/23 - 제주어 동화 상영

7/24 - 나무 제주어 사전 만들기

7/25 - 제주어 책갈피 만들기

7/26 - 제주어 골든벨

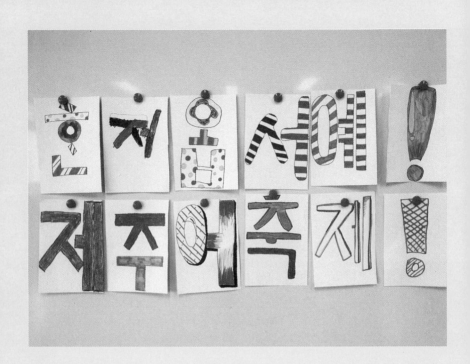

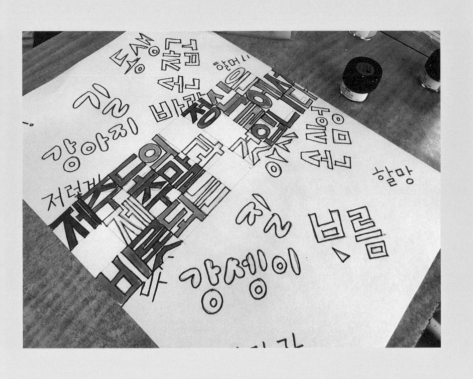

세상에, 제주어 축제를 하게 될 줄이야.
전혀 예상치 못한 일이었다.

세상에서
가장 뭉클한 단어를 위한 수업

아마 누구에게나 자신의 '가족'에 관해 후회하는 일은 있을 거라고 생각한다. 나에게도 후회하는 일이 있다. 그 일은 나의 가족인, 나의 할아버지와 관련된 일이다. 어려서부터 나는 맞벌이를 하는 부모님 대신, 할아버지와 할머니의 손에서 자랐다. 불행하게도 나의 할머니는 크고 작은 병으로 계속 고생 중이셨고 할아버지께서는 할머니의 몫까지 나를 살뜰히도 챙기셨다.

집에 돌아오면 항상 할아버지께서는 나에게 라면을 끓여주셨다. 아마 가부장적인 당신께서 하실 수 있는 가장 맛있는 요리였을 것이다. 때문에 나는 항상 하교 후에는 할아버지께서 끓여주시는 '라면'을 먹어야 하루가 마무리되었다. 책가방을 던지고 거실 소파에 벌러덩 누워서는 "할아부지, 나 라면!"이 내가 매일 하는 일이었다.

하지만 항상 끓여져 있을 것 같았던 라면은 할아버지께 갑자기 찾아온 중풍과 치매로 더 이상 먹을 수 없었다. 이 세상에 할아버지가, 할아버지가 끓인 라면이 없을 거라곤 한 번도 생각해보지 않은 어린아이였기에, 나에게 다가오는 슬픔은 너무나도 컸다. 아마 그 슬픔은 '후회'에서 왔을 것이다. 왜 나는 할아버지께 사랑한다고, 미안하다고 그리고 고맙다고 한 번도 이야기하지 못했을까. 왜 나는 할아버지와 둘이 찍은 사진조차 없을까. 가족이 언제나 곁에 있을 거라고 당연하게 여긴 자신이 후회스러웠다.

마음 한편에 아직도 후회를 간직하고 있는 나는, 언젠가 선생님이 되면 우리 반 아이들에게 가족은 '당연한' 것이 아니라 '소중하고 아름다운' 것이라고 알려주고 싶었다. 후회가 아닌 사랑으로 가족을 기억했으면 하는 마음이었다. 5학년 실과의 '나와 가정생활' 단원에서는 아이들과 가족의 이야기를 담고 있었다. 나는 이 단원을 통해 가족에 대해 깊게 생각해볼 수 있는 시간을 만들어 주어야겠다고 생각했다.

사실 학교에서 가족을 교육으로 다루는 일은 굉장히 조심스럽다. 최근에는 다양한 가정에서 살고 있는 아이들이 점점 많아지고 있는 추세이기 때문이다. 하지만 오히려 나는 그러한 가정에서 살고 있는 아이들에게 더욱 필요한 수업이라는 생각이 들었다. 자신에게 주어진 상황 속에서 가족의 의미를 생각해보고, 가족의 중요성을 느껴봐야 한다고 생각했기 때문이다. 이러한 수업 속에서 아이들이 가족에게 더 단단히 의지하고 사랑과 소중함을 자신 있게 표현할 수 있을 것이라고 믿었다.

가족에 대한 수업은 '내 마지막 한마디-유언장 쓰기'였다. 유언장 쓰기를 통해서 아이들이 자신의 가족에게 그동안 하지 못했던 말을 해보고, 가족이 당연한 것이 아니라 정말 사랑스럽고 소중한 것임을 알기를 기대했다. 우선 교실의 조명을 어둡게 조절하고, 아이들의 책상을 하나씩 떼어 두었다. 그리고 선생님인 나와 할아버지 그리고 라면에 얽혀 있는 가족에 대한 후회와 슬픔에 대해 이야기했다. 선생님의 후회와 슬픔을 먼저 이야기함으로써 아이들의 가족에 대한 시점을 현재가 아닌, 사랑하는 가족이 떠난 갑작스러운 어느 날로 옮기기 위함이었다.

그리고 아이들은 잠시 눈을 감고 자신의 가족들을 머릿속에서 떠올리는 시간을 가졌다. 그 후 아이들은 아무도 간섭하거나 간섭받지 않는 분위기 속에서, 자신이 이 세상을 떠나면서 내 곁을 지키고 있을 가족들에게 전하는 '마지막 한마디-유언'을 써 내려갔다. 아이들의 심성을 자극할 때에는 '음악'만 한 것이 없다는 허승환 선생님(《토닥토닥 심성놀이》 저자)의 말에 따라, 잔잔하고 조용한 음악도 틀어주었다.

훌쩍거리는 아이부터 몇 분째 아무것도 쓰지 못한 채 눈물만 흘리고 있는 아이 그리고 한 손에 휴지를 움켜쥐고 한 글자 한 글자 써 내려가는 아이까지. 아이들은 꽤나, 아니 정말 자신의 '가족'에 대해 진지했다. 평소 같으면 후다닥 학습지를 끝내놓고 선 "선생님! 다했어요, 이제 뭐 해요?"라고 나를 채근했을 몇몇 아이들도 가만히 자신이 쓴 유언을 들여다보거나 다른 친구들이 다 쓸 때까지, 조용히 그리고 묵묵히 창밖만 바라보고 있었다.

떨어지는 눈물에 번진 글자들에서 나는 이 수업이 아이들이 가족을 돌이켜보고, 가족에 대한 자신의 사랑과 소중함을 느낄 수 있는 시간이 되었음을 알 수 있었다. 붉게 물든 눈과 빵빵해진 얼굴로 "아~ 선생님 이런 걸 왜 해요? 슬프게!", "선생님 때문에 울었잖아요!"라고 장난스럽게 나를 원망(?)하는 아이들이었지만, 아직 눈물에 젖어 있는 눈망울 속에서 나는 뿌듯함을 느꼈다.

아이들의 마지막 한마디는 이 수업이 아이들 기억에서 사라질 쯤, 봉투에 넣어 집으로 보내질 계획이었다. 나는 그때, 어쩌면 오그라들 수 있을 아이들이 쓴 마지막 한마디를 가족들과 함께 읽고 서로 사랑을 표현하는 시간이 되기를 바란다. 내가 미처 할 아버지께 전하지 못한 사랑처럼 말이다.

"자, 다들 나의 마지막 한마디, 유언장을 써봤죠? 다시 선생님

이야기로 돌아와 봅시다. 선생님이 돌아가신 할아버지께 전하지
못했던 말은 어떤 것이었을까요?”

“미안하다고 할 것 같아요.”

“사랑한다고요.”

“고맙다고 해야 해요!”

“맞아요. 선생님이 이다음에 할아버지를 혹시라도 만날 수 있
다면, ‘할아버지, 고맙고, 사랑하고 그리고 죄송합니다.’라고 말
하고 싶어요.”

특별한
학부모 공개수업

5월은 가정의 달. 어버이날이 있는 달이다. 5월 7일, 이것저것 아이들과 함께 뚝딱뚝딱 편지도 써 보고, 카네이션도 만들어 보고. 또 어버이날을 위해 비밀리에 깜짝 영상도 제작했다. 그렇게 아이들의 어버이들을 위한 여러 가지 활동들로 바쁜 5월 7일을 보내고 나니 그제야 나의 어머니와 아버지가 생각났다. 아, 그래. 나에게도 나를 지켜주는 '학부모님'이 있는데 말이야.

나는 부모님께 그다지 좋은 아들은 아니다. 막내가 부리는 애교도 없고, 집에 들어가면 그냥 몇 마디 나누다 이내 방에 들어가곤 한다. 그래서 그런지 가정의 달이라는 5월은 참 마음 불편한 달이다. 아이들한테는 매일같이 가족의 중요성, 아름다움, 사랑을 강조해 놓고선 정작 나는 외면을 하고 있으니 아이들이 알면

혼날지도 모르겠다.

　그래, 아이들한테 혼나기 전에 이번에는 '효자인 척'이라도 해
보자. 괜히 이번 달마저도 어영부영 보내지 말고 말이다. 그날 저
녁, 나는 나의 부모님께 우리 반 수업을 보러 오시면 어떻겠냐고
물었다. 내가 수업하는 사진들을 보여드리면 그 좋아하는 드라
마도 끄시고 사진에 폭 빠져 있는 부모님을 보며 언젠가 내가 수
업하는 모습을 직접 보여드리면 좋겠다고 생각했기 때문이었다.

　단 한 번도 수업하는 모습을 보신 적은 없으셨기에, 항상 내가
선생님이라는 직업을 가지고 아이들 앞에 서 있는 모습을 머릿
속으로만 상상하시며 기특해하던 부모님. 더 늦기 전에 꼭 보여
드리고 싶은 마음이 컸다. 그렇게 5월 21일, 아이들의 학부모가
아닌, 나의 아주 특별한 학부모 공개수업이 정해졌다.

　실습생 때부터 지금까지 수많은 공개수업들을 해왔지만, 이렇
게 떨리기도 처음이다. 공개수업에 대해 크게 부담이 없는 편이
고 크게 긴장도 하지 않는 편인데, 나의 부모님이 오신다는 사실
은 날 부들부들 떨게 만들었다. 5월 21일 아침, 왠지 부모님과
정말 어색한 아침인사를 나누고 먼저 학교에 도착했다.

　"애들아, 이번 2교시는 정말 특별한 2교시가 될 거야."

　"왜요?"

　"뒤에 의자 보이지? 그 의자에 선생님 부모님께서 앉으실 거야."

"엥? 진짜요?"

"선생님한테도 부모님이 있어!"

"그러엄, 선생님한테도 부모님이 있지! 이제 오셔서 선생님이 수업하는 걸 보실 거야."

"왜요? 왜요?"

"보고 싶어 하시니까! 선생님이 부모님께 드리는 어버이날 선물이야!"

"어버이날 지났는데요?"

"선생님 나이 물어봐야겠다!"

"여자친구 있는지 캐묻자!"

"으이구, 아무튼 선생님이랑 똑같이 생긴 분들이 들어오셔도 당황 말고 평소에 하던 대로 하는 거야. 알겠지?"

아이들에게는 아주 낯선, 그리고 나에게는 아주 익숙한 두 분이 교실 문을 열고 들어오셨다. 나는 초긴장 상태였다. 나뿐만 아니라 어머니와 아버지의 굳은 표정에서도 나는 묘한 긴장감을 읽을 수 있었다. 아마 아들의 수업에 당신들이 더 긴장이 되었을지도 모를 일이다. 솔직히 어떻게 수업을 했는지는 잘 기억이 나질 않는다. 끝나고 나니 손에 땀이 가득했다. 나중에 아이들이, "선생님, 말 막 더듬었어요!", "왜 갑자기 교실 뒤에는 도와주러 안 와요?", "완전 안절부절하는 거 같았어요."라며 날 놀려대는 걸 보니 왜 수업이 기억에 남질 않는지도 알 만했다.

'어제 선생님 부모님께서 오셨는데 매우 닮았다.'
'선생님께도 부모님이 있어서 놀라웠다.'
'선생님이 그렇게 떠는 건 처음 봤다. 그런데 나도 어버이날 편지
를 부모님께 줄 때 떨었었다. 난 그 마음 안다.'
'저번에 우리 엄마가 와서 우리 반 수업 볼 때 나도 엄청 긴장됐었
는데 아마 선생님도 그런 것 같았다. 선생님이 좀 귀여웠다.
(죄송^^)'

– 다음 날, 아침 글쓰기 중에서

사랑하는 아들 상훈아!
오늘 같은 날도 있구나! 우리 아들이 새싹 같은 어린이들
앞에서 수업하는 모습을 보다니! 참으로 대견하고 가슴이
뿌듯했다. 집에서 보던 아들이 논리 정연하게 가르치는 걸
보고 내가 생각했던 것보다 훨씬 성숙한 모습이었다. 교감
선생님과 잠시 이야기 나누었는데, 칭찬 많이 해 주셔서 고
마웠다. 앞으로도 모든 면에서 성실하고 열심히 해서 초심
을 잃지 않는 훌륭한 선생님이 되거라!

– 사랑하는 아빠가

내 아들 상훈이에게.

올해 담임을 맡고 가르치는 모습을 꼭 보여주고 싶다고 오늘 공개수업에 초대해 주어서 정말 고맙다. 이런 것은 사소한 것이지만 용기가 필요할 텐데. 정말 대견스럽고 오늘을 영원히 잊지 못할 것 같다. 네가 태어난 날도 하늘을 다 얻은 것처럼 기뻤지만, 오늘은 그 다음으로 기쁘고 의미 있는 날이구나. 항상 퇴근하여 오면 기가 다 빠져서 녹초가 된 네 모습을 보면 안쓰러웠는데, 오늘 아이들과 생기 있고 자연스럽게 수업을 진행하는 모습을 보니 엄마 마음이 한결 가볍다. 아들아 사랑한다.

- 엄마가

다음 날, 부모님과 나는 조촐한 공개수업 뒤풀이를 했다. 텔레비전을 켜지 않고 모여 앉아 집에서 저녁 식사를 같이 하며 두런두런 이야기를 나눈 것이 얼마만인가 싶었다. 나에게도 아이들에게도 또 나의 부모님에게도 특별하고 소중했던 어버이날 특집 학부모 공개수업이던 것은 확실한 것 같다.

/
나의 어머니와 아버지가 생각났다.
아, 그래. 나에게도 나를 지켜주는
'학부모님'이 있는데 말이야.
/

사랑하는 아들 성훈아!

오늘 같은 날로 있구나!
우리 아들이 시작공는 어린이들 앞에서 수업하는 모습을 보니,
첫으로 데려다준 가슴이 빅듯 했다.
내가 잠시 증손으로 들어가? 교실에서 수업 받는 가분이 들었다.
우리 학교 다닐때와는 너무나 다른 모습으로, 어린아수도 많이 줄었고,
옛날처럼 틀에 읽매어지 않고, 어린이들 스스로 문제를 해결하고,
자유스럽게 토론하는 모습을 인상적이 있다.
집에서 보던 아들이 눈리 장연하게 가르키는 걸 본 내가 생각
했던것 보다 훨씬 성숙한 모습이 있기

믿어만 주면
상상 이상의 일을
해내는 아이들

아이들을 믿는다는 건 큰 용기와 인내가 필요한 일이다. 아이들의 어른으로서 선생님으로서 보다 안전하고 검증된 방법으로 얼른 성장하게끔 만들고 싶은 마음이 굴뚝같기 때문이다. 그러나 아이들을 믿어만 주면, 아이들은 우리가 기대하거나 바랐던 것 그 이상의 일을 해낸다.

| 첫 번째 이야기 | 스스로 만드는 또래 조정위원회

아이들이 '또래 조정위원회'라는 걸 만들었다. 자기들끼리 또래 조정위원을 뽑아서 친구들 간에 생긴 갈등을 선생님 도움 없이 스스로 해결해보겠다는 정책이다. 웬 또래 조정위원회냐는 물음에 도덕 시간에 배웠단다(도덕은 전담 선생님이 배치되어 있는 교과라 내가 수업을 하지 않는다.). 아주 복잡하면서도 미묘한 고학년 친구들의 갈등 상황을 아이들끼리 해결할 수 있을지에 대한 의문이 들었다. 선생님이 없는 자리에서 유야무야 덮으려고 하는 건 아닌지 걱정도 앞섰다.

첫 또래 조정 신청이 들어왔다. 또래 조정위원 두 명과 당사자 두 명까지 네 명이 또래 조정위원회로 이동했다. 신경 쓰지 않는 척, 실은 엄청 신경이 쓰였다. 중간놀이 시간 20분을 오롯이 또래 조정활동에 쓰더니 네 명 모두 굳은 표정으로 들어왔다. 넌지시 물어보니 잘 풀리지 않은 모양이었다.

"선생님이 좀 도와줄까?"

"아뇨, 일단 저희끼리 한번 해보려고요. 그래도 처음보다는 분위기 많이 나아졌어요."

두 번째 또래 조정. 또 잘 풀리지 않은 모양이다. 이번에도 내 도움은 거절당했다. 세 번째 또래 조정에는 추가로 두 명의 또래 조정위원이 투입되었다. 아이들이 돌아오기를 전전긍긍 기다리는데, 복도 끝에서부터 깔깔깔 웃음소리가 들렸다. 뒷담화 사건으로 미묘하게 틀어졌던 둘의 웃음소리였다.

"선생님! 첫 번째 또래 조정 잘 해결되었습니다!"

한 번만이라도 서로 조금씩 양보하라는 또래 조정위원의 말을 듣고 둘 모두 잘못했던 부분들을 솔직하게 털어놓았다고 한다. 그 과정에서 둘이 울면서 서로 사과하고 용서한 모양이다. 사실 선생님인 내가 중재했다면 사건을 더 빠르게 처리했을지 모르겠지만, 둘의 관계를 다시 붙이기는 어려웠을 것 같다는 생각이 들었다. 선생님 앞에서 아이들은 솔직한 마음을 숨기곤 하니까 말이다. 그 후로도 우리 반 또래 조정위원회는 한 달 동안 세 건의 또래 갈등을 완벽하게 해결하는 성과를 거두었다.

| 두 번째 이야기 | 제주어 축제의 비밀

우리가 하기로 했던 5일간의 제주어 축제. 중간놀이 시간, 도서관에서 한다고 전교생에게 홍보하고 다니고 학교 곳곳에 홍보물도 붙여놓았는데, 갑자기 도서관 컴퓨터가 말을 듣질 않았다. 프레젠테이션 자료가 꼭 필요했던 제주어 축제의 첫날과 둘째 날, 부리나케 우리 교실로 장소를 변경해 제주어 축제를 이틀간 진행했다.

셋째 날, 넷째 날은 딱히 컴퓨터가 필요하지 않았다. 셋째 날은 나무 제주어 사전을 만드는 날이었고 넷째 날은 제주어 책갈피를 만드는 날이었기 때문이다. 두 활동 모두 미술 활동에 가까워서 간단한 구두 설명과 함께 바로 만들기 활동으로 들어가면 됐다. 또 더 넓은 공간이면 편하게 활동에 참여할 수 있어 우리는 원래대로 도서관으로 장소를 옮기기로 했다. 고맙게도 1학년부터 5학년까지 많은 학생들이 셋째, 넷째 날 활동에도 많이 참여해주었다.

넷째 날 제주어 축제를 마치고 교무실에서 빌려온 코팅기를 반납하려고 우리 반 교실을 지나치는데, 우리 반 뒷문에서 승호가 무언가를 떼고 있었다.

"승호야, 그거 뭐야?"

"아, 아무것도 아니에요."

"뭔데? 뭐라고 쓰인 것 같은데?"

"아니, 월요일이랑 화요일에 우리 반에서 축제 했었잖아요. 근데 어제랑 오늘은 도서관에서 하고요. 혹시 애들이 우리 반으로 와서 기다릴까 봐 도서관으로 오라고 문에 붙여놨었어요."

축제의 첫째 날, 둘째 날에 6학년 교실로 왔던 아이들이 장소를 찾지 못해서 축제에 참여하지 못할까 봐 스스로 문에 '오늘은 도서관이에요!'를 써서 붙여놓은 것이다. 그냥 장소 바꾸기에만 신경 썼던 나도 전혀 생각하지 못했던 배려인데, 아이들은 더 세심했다. 많은 학생들이 장소가 헷갈리는 일 없이 축제에 잘 참여했던 건, 분명 그냥 만들어진 일은 아니었다. 아이들 덕분이었다.

| 세 번째 이야기 | 교실놀이를 폐지하겠다고?

감사부는 매월 교실자치에서 최고의 정책을 뽑았다. 그리고 그 투표에서 3연속으로 '최고의 정책'으로 뽑힌 정책이 있었으니 바로 인성부의 '선생님과 함께 일주일에 한 번 교실놀이하기' 정책이었다. 매번 스무 표 이상이 나올 정도로 항상 폭발적인 지지를 받는 정책이었다. 수업시간이 한 시간 빠진다는 것, 친구들과 재밌는 놀이로 함께 어울린다는 것은 교실놀이 정책의 치명적 매력이었다.

월말 교실자치가 있었던 날, 여느 교실자치처럼 지금까지의 자치 결과를 수정·보완하기 위한 교실자치였다. 각 부서별로 모여 정책에 대한 평가를 함께 하고, 개선과 혹은 폐지를 하고, 때로는 우리 반을 위한 새로운 정책을 만들어 내기도 했다. 나도 부서별로 돌아다니며 아이들의 이야기를 듣고 도와주기를 계속하고 있었다. 돌고 돌아 인성부에 도착한 순간, 나는 인성부의 회의록을 의심할 수밖에 없었다.

"응? 교실놀이를 폐지하겠다고?"

"아니, 아직 폐지하겠다는 건 아니고요. 전체 투표로 부쳐서 결정할 거예요."

"왜? 왜 갑자기 폐지를 하겠다는 거야?"

"교실놀이 정책이 원래는 우리가 서로 놀면서 다 친해지려고 만든 거였는데, 교실놀이 할 때마다 몇 명은 막 싸우니까 없애려고요."

정말 충격적인 선택이었다. 인성부가 자신들이 가지고 있는 최고의 정책을 스스로 없애버리려 할 것이라는 생각은 전혀 한 적이 없었다. 이유는 명확했다. 본래 교실놀이 정책이 가지고 있었던 취지를 잃어가고 있다는 점이었다.

사실 4월 말 교실자치에서 인성부는 서로 서먹서먹한 친구들 간에 친해질 수 있는 자리를 만들고 담임선생님과도 가까워질 수 있도록 '일주일에 한 번 교실놀이 하기'를 제안했다. 그러나 경쟁의 요소가 가미된 교실놀이에서는 아이들의 지나친 승부욕과 사소한 갈등들이 몇 가지 문제점을 만들기도 했다.

그때마다 나도 아이들에게 주의를 주긴 했지만 교실놀이의 폐지를 논하지는 않았다. 너무나 큰 인기를 누리고 있는 정책이었기 때문이다. 그러기에 인성부의 이번 결정은 정말 파격적이었다. 아이들은 내가 생각하는 것보다 훨씬 마음이 깊고 생각이 깊다는 생각이 맴돌았다.

결국 교실놀이 존폐 여부는 전체 투표에 부쳐졌다. 예상치 못한 교실놀이에 대한 논란으로 다른 아이들은 웅성거렸다. 결과는 교실놀이 정책을 지속하겠다는 것이 다수였지만, 인성부의 이 시도는 나에게도, 아이들에게도 놀라운 경험이었다.

소개한 세 가지 일화 외에도 사소한 것부터 중대한 것까지 아이들에게서 놀랄 만한 일들은 꽤나 자주 벌어진다. 그리고 그런 일들은 대개 나의 개입 없이 '스스로' 이루어진다. 아이들을 믿는다는 건 선생님으로서 큰 용기와 인내가 필요하며, 꼭 기다리고 지켜봐 주는 것만이 정답도 아니다. 그러나 반드시 잊지 말아야 할 것, 아이들은 분명 믿어만 주면 상상 이상의 일을 해낸다.

Freegen

믿어만주면
상상 이상의 일을
해내는 아이들.

애들아,
선생님도 공기놀이
같이 하자

학기 말은 3월만큼 바쁘다. 요새는 아주 키보드를 두드리는 것에 도가 텄다. 학기말 성적을 한 사람 한 사람 처리하고, 밀린 진도를 채우고, 또 나에게 주어진 업무들을 처리하고. 애들은 나에게로 와서 재잘재잘 자기들의 이야기를 풀어놓는데, 내 손은 키보드 위에 눈은 컴퓨터 화면을 향한다. 아이들의 이야기에 '오, 그래?', '응~ 알겠어.'라고 영혼 없는 대답만 툭툭 던질 뿐, 한 귀로 들어오고 다른 한 귀로 나가버린다. 가끔은 아이들에게 학습지를 던져주고 급한 업무들을 먼저 처리하기도 한다. 이 순간은 정말 내가 선생님이 맞나 싶다.

이렇게 바쁜 일상은 나에게 큰 스트레스가 된다. 아이들에게 관심을 주지 못하고 있다는 자책감 그리고 기한 내에 업무를 처리해야 한다는 압박까지 요즘의 일상들은 나에게 온갖 스트레스만 던진다. 스트레스라는 이놈은 참 좋지 않은 놈이다. 이놈이 나만 힘들게 하면 그나마 다행일 텐데, 우리 반도 힘들게 하기 때문이다. 화를 내지 않아도 될 조그만 일에도 크게 화를 내거나 아이들을 향해 하루 종일 싸늘한 표정만 보여주기도 한다.

아이들은 아무런 잘못도 없는데 말이다. 담임선생님의 기분이 그저 그래서 자기들까지 주눅이 들어버린다. 내 눈치를 보는 아이들에게 정말 미안한 마음이다. 그래서 오늘은! 출근 전에 네 가지를 약속했다. 물론 지켜질지는 두고 봐야겠지만 말이다.

아이들 이야기에 최소한 한 번 질문해주기

요 며칠 아이들의 아침 글쓰기에도 영혼 없는 끄덕임을 한 번 하고는 다시 컴퓨터를 봤던 나를 반성하며 글쓰기를 읽고 질문을 던지기로 했다. 첫 번째 친구. 오늘 영화를 보기로 했다는 아이에게 그건 어떤 영화냐고 물었다. 장황한 설명이 이어진다. 물어보지 않았으면 어쨌을까 싶다. 재미있으면 나에게도 추천해주겠다는 말을 남기고 자리로 돌아갔다.

두 번째 친구. 더워서 에어컨을 켜고 싶다는 아침 글쓰기를 가져왔다. 더위를 많이 타냐는 나의 물음에 가족이 모두 등장한다. 아빠는 찌개를 먹을 때도 손수건을 들고 계신다고 한다. 자기가 체육을 싫어하는 것도 땀이 많아서 그렇다고 했다. 축구를 싫어하는 줄은 알았는데 이런 사연이 있는 줄은 꿈에도 몰랐다.

세 번째 친구. 오늘 체육이 들어서 좋다는 아침 글쓰기다. 가장 좋아하는 과목이 체육이냐고 물었더니 웬걸, 수학이란다. 그럼 수학이 있는 날이 체육 있는 날보다 좋냐고 물으니까 또 그건 아니란다. 수학은 원래 많이 하니까 가끔 하는 체육이 더 기다려진다고 한다. 뭐 이유야 어찌 되었든 수학을 체육보다 좋아하는 친구는 처음 본다.

아이들이랑 쉬는 시간에 같이 놀기

요새 아이들 사이에서 공기가 유행이란다. 교실 뒤편에서 뭔가 꽁냥꽁냥하는 것 같더니 공기였다. 이것도 새까맣게 모르고 있었다니, 아이들과 얼마나 멀어졌는지 금방 느껴진다. 선생님도 한 판 껴달라고 하니 흔쾌히 껴주었다. 아이들과 함께 하는 쉬는 시간은 진짜 오랜만이다.

"선생님, 손 흔들면 안 돼요. 그거 설거지예요."

"어! 선생님 자리 움직이면 안 돼요! 탈락!"

"으, 선생님 완전 못 해! 크크."

요즘 공기는 뭐 그렇게 규칙들이 많은지 다 반칙이란다. 졌다. 아이들이 꺄르르꺄르르 뒤로 넘어간다. 선생님이 자기들한테 뭔가를 졌다는 것 자체가 웃긴 모양이다. 이렇게 빙 둘러보니 어느새 우리 반 아이들이 다 모여들어 내 공기 실력을 구경 중이었다. 한바탕 웃고 나니 어느새 쉬는 시간이 다 갔다.

큰 일이 아니면 절대 화내지 않기

급식소에 가는 점심시간이었다. 아이들을 줄 세워두고 배식받을 차례를 기다리는데 아이들이 없다. 저 멀리 보니 남자아이들이 단체로 물을 마시러 가 있었다. 순간, 나에게 허락도 받지 않고 대열을 이탈한 아이들에게 화가 났다. 하지만 그 전에! 이게 진짜 화를 낼 큰 일인지를 생각해보았다. 바로 이전 시간이 체육이어서 목이 마를 아이들이 얼마나 물이 마시고 싶었으면 그랬을까를 생각하니 화를 낼 일은 절대 아니라는 생각이 들었다.

"얘들아~ 선생님한테 얘기를 먼저 하고 갔다와야지이."

"아, 넵! 죄송합니돼! 담부터 안 그러겠습니다!"

"크크크, 얘 완전 군인 같아요!"

귀여운 녀석들. 나긋나긋 부드럽게 이야기하니까 나도 아이들도 다 웃으면서 잘 마무리되었다. 그 와중에 물을 안 먹었던 남자아이 하나가 쫄래쫄래 와서 나에게 '물 마셔도 돼요?'라고 묻고 식수대로 가는 모습에 웃음이 절로 핀다.

오늘은 꼭 반가 같이 부르기

그동안 아이들 하교를 얼른 시키고 일을 하고 싶은 마음에 하교 직전에 부르던 반가도 많이 생략했었다. 오늘은 반드시! 해야지… 하고 다짐했는데. 마지막 교시에 운동장에서 활동을 마치고 교실로 돌아오는 통에 새까맣게 반가를 잊어버리고 아이들을 보내고 말았다. 요 며칠 안 불렀다고, 참 습관이 무섭다. 내일이라도 꼭 같이 불러야겠다.

네 가지 약속은 절대 어려운 약속도 아니었고 거창한 약속도 아니다. 질문을 한 번 해주면 그만이었고 쉬는 시간에 나도 같이 놀면 그만이다. 화내기 전에 한 번 생각하는 것, 반가를 같이 부르는 것도(물론 실패했지만) 절대 어려운 일이 아니었다. 이 몇 가지 약속으로 나는 아이들과 한바탕 같이 웃음으로 시간을 보낼 수도 있었고, 아이들의 새로운 모습을 마주하는 기회가 되기도 했다.

앞으로도 나는 이 네 가지 약속을 내 정년(?)까지 지켜나가 보고 싶다. 주어진 업무를 처리하는 일도 선생님으로서 중요하지만, 아이들에게 좋은 선생님이 되어 주는 것은 더 중요한 일이라는 걸 잘 아니까.

/

아이에게 그건 어떤 영화냐고 물었다.
장황한 설명이 이어진다.
물어보지 않았으면 어쨌을까 싶다.

/

7.16

드디어 오늘 모든 예고편을
보고 진짜 영화를 일주일 내내
보고 싶던 영화 '픽셀'을
보러간다 내용을 어느정도는 알고
있지만 터미네이터보다 더 보고
싶다. 빨리 저녁이 됬으면
좋겠다.

아침마다
똥 누기

아침, 학교에 도착하면 매일 아이들의 짧은 '글'을 읽고 있다. 아이들과 내가 처음 만났던 다음 날부터 하루도 빠짐없이 해오던 일이다. 글에는 어떠한 정해진 주제도 규칙도 없다. 맞춤법 검사도 글씨 타박도 없다. 그냥 하고 싶은 말을 자유롭게 써서 나에게 보여주면 되는 간단한 일이다.

이렇게 아침마다 아이들의 글을 읽게 된 것은 신규교사 연수 덕분이었다. 나는 그 연수에서 '이영근 선생님'을 만났다. 짧은 강의 시간이었지만 선생님에게서 아이들을 위한 사랑과 노력을 읽어내기엔 충분한 시간이었다. 선생님께서는 초보 선생님들을 위한 많은 노하우를 선물하셨다.

선물들 중에 나는 '글똥누기'에 마음이 갔다. 똥을 누는 것처럼 매일 배변하듯이 글을 쓰자는 의미에서 '글똥누기'란다. 왠지 이름도 아주 마음에 든다. 쉬는 시간, 이영근 선생님께서 직접 아이들과 했다는 글똥누기 수첩을 열어볼 수 있었다. 솔직한 마음이 담긴 글들이 가득했다. 나는 곧 만나게 될 우리 반 아이들과 따뜻하고 솔직한 마음을 공유하는 행복한 상상에 빠졌다.

　연수를 마치고 3월, 신학기를 시작하며 아이들에게 각자의 이름이 적힌 글똥누기 수첩을 나누어주었다. 그로부터 정확히 한 달 뒤, 나는 글똥누기를 그만두어야 할지 심각하게 고민하기 시작했다. 나의 행복한 상상은 이미 깨진 지 오래였다. 아이들의 글에는 진심이 없었고 귀찮음만이 가득했다. 아침마다 들려오는 "선생님 뭐 써요?", "선생님, 쓸 말이 없는데요." 등은 행복은 무슨, 아침부터 괜히 짜증만 불러일으켰다.

{ 정미의 3, 4월 글똥누기 }

3월 27일　　교실자치한다.

4월 06일　　월요일인가? 벌써?

4월 15일　　재연이가 준 액체괴물 좋음.

4월 17일　　영어 1교시, 싫다.

4월 20일　　월요일이다. 피자가 먹고 싶다.

4월 21일　　화요일이다. 쓸 게 없다.

4월 29일　비 온다. 싫다.

　의미를 찾을 수 없는 단답식의 글똥누기. 분량이 중요한 것은 결코 아니었다. 그나마도 쓰면 다행이다. 정미뿐만이 아니다. 몇몇을 뺀 나머지 친구들은 모두 '마지못해' 글을 쓰고 있었다. 왜일까? 글을 쓰는 일은 아이들에게 참 어색하고도 어려운 일인 것 같았다. 나와 아이들 사이에 놓인 문제가 무엇인지를 찾아야 했다. 아이들이 왜 아침마다 글을 써야 하는지부터 나 스스로에게 물어봐야 했다. 글똥누기를 호기롭게 시작하긴 했지만, 정작 한 번도 왜 이 활동을 해야 하는지 되물은 적은 없었다.

　나는 글똥누기가 '대화'의 매개체라는 생각을 하게 되었다. 사실 짧은 하루 동안 모든 아이들과 대화를 하기는 매우 어렵다. 어쩌면 나와 대화 한 번 하지 못하고 집에 돌아가는 친구들도 있을지 모르겠다. 대화는 아이들과 나 사이의 관계를 더 강하게 만들어주는 아주 간단한 일인데, 일일이 신경을 쓰기가 참 어렵다.

　그런데 글똥누기는 우리의 관계를 이어줄 수 있는 강력한 매개체가 될 수 있었다. 글똥누기로 아침마다 억지로라도 아이들과 짧지만 강력한 대화를 나눌 수 있기 때문이다. 나는 그날부터 아이들의 글똥누기에 괜히 질문도 던져보고 눈을 마주치며 웃음도 지어 보이고 장난도 걸었다. 글똥누기가 그냥 일상적인 '대화'

라는 것을 알려주기 위해서였다. 아이들의 글에서 벽이 하나둘 무너져가는 것이 느껴졌다.

{ 정미의 11월 글똥누기 }

11월 6일　　오늘 학교 오다가 갑자기 1교시 영어라는 생각에 발걸음이 엄청나게 무거워졌다. 그리고 교실자치라는 생각에 다시 가벼워졌지만 1교시가 영어라는 생각을 하니 다시 무거워졌다.

11월 11일　　어제 했던 '책 읽어주는 선생님' 오늘도 했으면 좋겠다. 어제 코끼리는 진짜 재밌었다.

11월 16일　　오늘 아침에 여유롭게 일어나서 씻고 다 챙겨서 TV를 보면서 소시지를 먹고 있는데 뭔가 잊은 것 같다 했는데 교외봉사다. 소시지를 입에 꾸역꾸역 집어넣고 뛰었다. 학교 왔는데 다행히 늦지는 않았다.

11월 19일　　어제는 좀 많이 다치는 하루였다. 방에 들어갔는데, 핸드폰을 가지러 들어가다가 연결이 되어있는 핸드폰 줄에 넘어져서 침대 모서리에 박혀 넘어졌다. 아프다.

　자유롭게 글을 쓰라는데 대체 무얼 쓰라는 걸까? 선생님을 흉보는 말을 써도 되는 건가? 아이들은 혼란스러웠을지도 모른다. 사실 아이들은 '글짓기'에 익숙해 있다. 주제가 있거나 목적이 있는 글짓기 말이다. 하지만 글똥누기는 글짓기 대신 '글쓰기'가 필요하다. 아이들 자신이 살아가는 이야기를 그냥 자신의 말로 쓰는 것 말이다.

내가 아이들의 글똥누기에 하나하나 반응을 했던 건 아이들이 스스로 글똥누기의 의미를 찾는 데에 도움을 주었다. 글똥누기는 나와 아이들 간의 대화 그 자체다. 무슨 말을 어떻게 하든 그냥 늘 친구들과 이야기하는 것처럼 선생님과도 부담 없이 소소하게 그렇게 글로 대화할 수 있는 것이다. 글똥누기가 대화로 작용하면서 아이들의 글은 글짓기가 아닌 글쓰기가 되기 시작했다.

11월 정미의 글똥누기가 물론 특별하지는 않다. 하지만 그 안에는 진심이 담겨 있고 솔직함이 묻어 있다. 4월의 정미는 '영어 1교시, 싫다.'라고만 툭하고 이야기했지만, 11월의 정미는 1교시가 영어인 오늘 학교로 오는 길이 얼마나 무거웠는지를 조잘조잘 이야기하고 있다.

'어제 (혼났던) 일이 아직도 기억난다. 지금은 바꾸기 힘들겠지만 점점 노력해 바꾸고 싶다.'

'오늘 교실자치가 있다. 반에 있는 정책들이 군더더기 없이 더 깔끔하게 되면 좋겠다.'

'우리 반 인권프로젝트 광고지도 학교에 돌렸다. 오늘 많은 사람이 보면 좋겠다. 광고지 붙인 사람이 정말 고생한 것 같다.'

'오늘은 빼빼로 데이, 농업인의 날, 그리고 대망의 인권프로젝트의 날이다.'

'월요일부터 정유랑 유주가 이상했다. 왜냐하면 서로 친하게 지내던 사이였는데 정유는 나를 보고 아는 척도 하지 않고 유주도 나를 째려보면서 말도 하지 않았다. 그래서 왠지 내 친구들이 사라진 것 같았다. 한 명도 빠짐없이. 그래서 너무 속상하다.'

'오늘 공기를 하다가 소형이와 살짝 다투었다. 마음 같아서는 화해를 하고 싶다.'

'오늘은 김철민과 15일이나 갔다(사귀었다). 그런데 카톡으로 대화하면 말을 전달하기가 편한데 직접 만나면 아무 말도 못한다. 어색하다.'

'아빠가 어제 중학교에 대해서 나에게 말했다. 아빠가 대안 중학교를 가라고 했다. 그리고 아빠는 나에게 예체능 쪽이 어떻냐고 물어봤다. 난 지금부터 체육 쪽에 재능을 기르고 싶다. 난 축구가 좋다. 하지만 아빠가 자꾸 예술 아니면 음악을 하라고 한다.'

'이건 선생님한테만 알려주는 비밀이다. 어제 내가 이민정한테 문병을 갔다. 내가 꽃다발을 들고 갔는데 진짜 멀쩡한 것 같다. 어디 그냥 휙휙 돌아다녀서 찾기도 힘들었다.'

'꿈에서 수요일이 6교시로 쉬는 시간이 없는 끔찍한 꿈을 꿨다. 엄청 끔찍했다. 심지어 컴퓨터와 체육도 없이 국, 수, 사, 과, 영, 한자로 시험만 봤다.'

'드디어 오늘 모든 예고편을 보고 진짜 영화를 일주일 내내 보고 싶던 영화 '픽셀'을 보러 간다. 내용을 어느 정도는 알고 있지만 터미네이터보다 더 보고 싶다. 빨리 저녁이 됐으면 좋겠다.'

'이제부터 김민준이랑 욕 안 쓰기로 했는데, 난 한 번도 안 썼다. 김민준은 수학학원에서 쓸 뻔했다.'

'선생님 왜 오늘 체육 안 해요? 체육 하면 안 돼요?'

'오늘 교외봉사를 했다. 선생님이 안 와서 다행이다. 같이 가는 건 좋은데 잔소리가 많다. 그래도 선생님이 싫진 않다.'

우리 교실에서 이제 '선생님 뭐 써요?', '선생님, 쓸 말이 없는데요.'는 잘 들리지 않는다. 아이들의 살아있는 이야기가 글에 담겨있을 뿐이다. 글똥누기를 통한 아이들과의 대화에는 어떤 장애물도 없다.

가끔은 심장을 쿵하게 만드는 무게가 있는 이야기이기도 하고 한참 가벼운 이야기일 때도 있다. 나를 홍보하는 내용이 있기도 하고 투정을 부리는 내용이 있기도 하다. 밤새 꾼 꿈 얘기를 잔뜩 늘어놓는 아이도 있고, 속상했던 일을 툴툴 털어놓는 아이도 있

다. 또 자기 남자친구, 여자친구와의 핑크빛 이야기를 전하는 친
구도 있다.

　가끔 후배 교사를 만나게 되면(나도 후배교사가 있긴 있다.),
글똥누기를 꼭 하라고 전한다. 매일 아침 아이들과의 대화가 선
생님이라는 직업을 참 잘 선택했다고 우리를 다독여주는 묘약이
니까 말이다.

2019. 3. 27 수
어제 어머니께서 두발 을 직접
잘라주셨다. 예쁘게 잘라주셔서
감사합니다.

2019. 3. 28. 목
오늘 아이들이 쓰레기를 열정
적으로 주서주어서 기뻤다.

2019. 3. 29 금
어제 또 10시 자서 오늘 딱 7시
에 일어났다. 상쾌하다.

선생님이 행복해야
교실이 행복한 법

선생님, 참 고된 일이다.

물론 아이들과의 하루도 참 행복한 일이지만 종일 수업을 하고 나면 체력소모도 많고 아이들과 이런 일 저런 일 겪고 나면 감정소모도 참 많다. 그렇게 계속 체력과 감정을 깎아 먹다 보면, 어느새 바닥이 난다. 그럼 어느새 우리 담임선생님은 지쳐있는, 표정이 없는, 날카로운, 예민한 선생님이 되어 있다. 그리고 그런 선생님은 교실의 행복을 쉽게 망가뜨린다. 날이 서있는 선생님은 애꿎은 아이들을 베어 버리기 쉽기 때문이다. 선생님이 행복해야 교실이 행복한 법. 그래서 나는 체력과 감정을 금방 회복하고 행복해질 수 있는 기술(技術)들을 활용하고 있다(사실, 방학이 최고의 기술이긴 하지만, 논외로 한다.).

| 첫 번째 기술 | 기록하기

하루가 끝나고 나면 하루를 기록하려고 노력하고 있다. 퇴근하기 10분 전에 적는다. 일종의 일기 같은 거라고 볼 수도 있는데, 아주 솔직하고 거칠게(?) 내가 성찰한 우리 교실을 기록한다. 수업에서 있었던 일을 기록할 수도 있고 아이들과 있었던 일을 기록할 수도 있다. 또 학교에서 벌어진 일들을 기록할 수도 있고 학부모와 있었던 일을 기록할 수도 있다.

'내가 한 번만 더 청소년단체를 맡으면 사람도 아니다!!!!!'
'발표문을 깔끔하게 붙이기 위해서 칸을 정해주었는데, 그럴 필요 없이 덕지덕지 붙이더라도 온전하게 쓰고 붙이는 게 좋겠다. 다음에는 꼭 수정, 보완해야 할 부분이다.'
'정말 화가 난다. 정말 화가 난다. 정말 화가 난다. 세 번 말해도 정말 화난다. 상담을 마치고 혼자 교실에 앉아 있는데 머리가 너무 아팠다. 정신이 아프다.'
'용기를 내서 물총싸움 운영에 교감 선생님께 최소한의 개입을 했으면 좋겠다고, 아이들을 믿어보자고 말씀드렸다. 다행히 일을 벌인 담임교사의 말을 귀담아 들어주셨고 안전을 위한 최소한의 장치만 해두고 나머지는 인성부 아이

들에게 맡기기로 했다.'

  이 기술의 포인트는 기록 후에는 반드시 학교에 대한 생각은 글에 가둔 채 접어두어야 한다는 것이다. 생각을 연장해서 퇴근 후까지 가져오지 않는 것이 가장 중요하다. 특히 좋지 않은 기억은 더더욱 그래야만 한다. 어렵지만 분명 글로 쓰고 나면 해소되는 것들이 있다. 나중에 생각이 잦아들면 그때 남의 이야기 보듯이 내가 기록한 걸 멀찍이 읽으면 된다. 좋은 내용의 글을 읽으면 한 번 더 행복해지고, 언짢은 내용의 글을 읽으면 한 번 더 다짐을 하게 된다.

| 두 번째 기술 | 월간 버킷리스트

  버킷리스트는 죽기 전에 해보고 싶은 일들을 정리해둔 목록을 일컫는 말이다. 그런데 '죽기 전'이라는 시간의 무게 때문인지 버킷리스트를 세상을 떠나기 직전, 얼추 죽기 1년 전쯤부터 해야 할 일인 것처럼 오해하는 경향이 있다. 두 번째 기술, 월간 버킷리스트는 이번 달이 가기 전에 해보고 싶은 일들을 정하고 꼭 해보는 걸 말한다.

{ 월간 버킷리스트 }

2016년 10월 버킷리스트 7번 버스 타고 해안도로 왕복하기

2017년 12월 버킷리스트 부모님 결혼 기념일 챙겨드리기

2018년 6월 버킷리스트 중학교 친구들 번개 모임하기

2019년 1월 버킷리스트 책 5권 사서 읽기

이 기술의 포인트는 반드시 학교와는 연관이 없는 일을 월간 버킷리스트로 정해야 한다는 점이다. 월간 버킷리스트는 선생님으로서의 '나'가 아니라 온전한 '나'를 조명하기 위한 장치이기 때문이다. 학교와 관련한 일을 버킷리스트로 정해버리면 선생님으로서의 '나'에서 벗어나기 힘들다. 거창한 걸 할 필요도 없고 할 수 없는 일을 무리하게 계획할 필요도 없다. 이번 달이 가기 전에 '나' 자체로 의미를 찾을 수 있는 일을 정해서 꼭 해보면 된다. 한 달에 한 가지를 해보는 건데도 결코 생각보다 쉽지 않다. '책 5권 사서 읽기'는 '책 5권 사기'까지만 성공했다.

| 세 번째 기술 | 새로움을 찾기

선생님이 되고 나니 주변에 자주 만나는 사람들이 대부분 선

생님이다. 대화 주제는 항상 학교 주제로 흐른다. 꼭 선생님들을 만나지 않아도 마찬가지다. 나의 근황이나 고민들을 묻는 물음에 나는 학교 일을 주제로 말을 꺼낸다. 어쩔 수 없다. 내 신경을 온통 쏟고 있는 일이니까 말이다. 그런데 새로운 걸 찾으면 이야기가 달라진다. 대화의 주제가 학교가 아니라 그 새로운 일이 되기 때문이다.

실제로 교대 동기들과 함께 떠난 태국 여행에서 우리는 '내일 뭐 하지? 뭘 먹지?'에나 관심이 있었지, 평소에 만날 때처럼 학교에 대한 고민이나 생각이 대화의 주제가 되지 않았다. 또 몇몇 동기들과 학기 중에 평생교육원을 통해 배웠던 요리 수업에서도 자연스럽게 학교 주제 대신 함께 만들 요리에 대한 이야기를 하기에 바빴다.

이 기술의 포인트는 반드시 선생님과는 아예 다른 새로움을 찾고 새로운 분야의 사람들을 만나야 한다는 점이다. 적어도 그걸 하는 순간만큼은 학교를 잊어버리고 선생님이라는 딱지를 떼어버린 채 온전히 그걸 즐기는 거다. 학급 경영과 관련한 연수를 듣는다든지 수업과 관련한 스터디나 대학원을 수강하는 건 절대 포함되지 않는다. 요새 나는 스포츠 클라이밍을 배우면서 새로운 분야를 만나고 있다. 스포츠 클라이밍에서 나는 선생님이 아니라 그냥 클라이밍 초보일 뿐이다.

　세 가지 기술의 공통적인 특징은 '벗어나기' 기술에 근거하고 있다는 점이다. 행복한 선생님이 되기 위해서는 아이러니하지만, 교실 밖에서의 행복을 찾아야만 한다. '방학'이 최고의 기술인 이유 역시 선생님을 학교 밖으로 꺼내줄 수 있는 시간이기 때문이다. 선생님이 아니라 '나' 자신을 세우는 시간이 필요한 것이다. 학교에 대한 수많은 생각과 고민들은 잠시 접어두고 학교 밖의 나를 찾을 때 행복할 수 있으니까 말이다. 학생들은 불행한 선생님을 원하지 않는다. 우선 내가 행복하자. 행복한 선생님이 있는 교실은 행복할 수밖에 없다.

/
학생들은 불행한 선생님을
원하지 않는다.
우선 내가 행복하자.
/

2015년 6월 7일 화요일
요즘 선생님의 미소가 보이질
않는다. 요즘 바쁘신것 같다.
빨리 어쭙게 생활하셨으
면 좋겠다 그러면 선생
님의 미소를 볼수있을것 같기
때문이다.

선생님 하길
참 잘했어요

올해 이사를 하면서, 내가 아이들에게서 혹은 학부모에게서 받았던 편지들을 어디에 두었는지 도통 찾을 수가 없었다. 찾은 곳을 또 찾고, 확인했던 곳을 또 확인해도 찾을 수가 없었다.

온 집을 뒤지고 다니는 나를 보며 안타까워하시던 부모님께서 한동안 나 대신 집을 이곳저곳 찾으셨는지, 구석에 고이 모여 있던 편지를 찾았다는 연락을 해오셨다. 얼마나 행복하던지 그 순간이 잊히질 않는다.

내가 찾은 건 단순한 편지가 아니라 나의 기억이자 추억이며, 그리움이자 행복이었으니까 말이다.

{ 학부모들의 손편지 }

선생님께 드리고 싶었던 말이 있어요. 우리 지현이가 선생님을 만난 건 정말 행운이었어요. 학창시절 담임선생님을 잘 만난다는 건 로또 당첨!!이에요. 선생님, 지현이가 즐거운 학교 생활을 할 수 있게 해주셔서 정말 고맙습니다. (꾸벅)

* * *

5학년이 되어 신체적으로 정신적으로 많은 변화를 겪어야 했던 주영이에게 선생님의 무한한 관심과 사랑은 정말 큰 힘이 되었어요~ 작년에 겪었던 크고 작은 아픔과 상처들로 주영이도 저도 새로운 분위기와 만나는 이들과 적응한다는 것이 쉽지는 않았기 때문에 선생님과의 만남은 정말이지 특별함이 되었던 거죠~

* * *

노는 것만 좋아했던 팔랑도깨비 우리 소진! 공부가 재밌다는 말도 처음으로 하게 되고 학교가 재밌다거나 학급 활동 얘기를 종알거릴 때면 초등학교 시절 기억에 남을 만한 좋은 기억들을 많이 담고 있겠구나 싶어 흐뭇했습니다~ 전부 선생님 덕입니다. 감사하고 감사합니다.

* * *

지난 한 해 정말 수고 많으셨습니다. 우리 지섭이가 선생님 소식을 듣고 매우 마음 아파 하네요. 그동안 너무 크신 사랑과 은혜를 베풀어 주셨는데… 저 또한 섭섭한 맘이 앞서네요. 부디, 몸 건강하시고 군 복무 잘 마치시고 다시 뵙도록 하겠습니다. 감사합니다.

* * *

현진이가 선생님을 너무 좋아해서 헤어진다는 것 때문에 슬퍼하고 있습니다. 다른 어린이들도 마찬가지일 겁니다. 아이들은 선생님에 대한 기억이 오래도록 남을 것이며 성장하면서 좋은 영향을 끼치게 될 것입니다. 어린이들의 학교생활에 있어서는 2015년은 축복과 행운의 한 해였을 것입니다. 선생님 앞날에 아름답고 즐거운 일만 있으시길 바랍니다. 고맙습니다.

* * *

선생님과 있었던 하나, 하나가 기억에 남습니다. 교육과정 설명회 날, 자신이 결코 완벽한 선생님이 아니라고 소개하셨던 게 가장 기억에 남습니다. 자신이 가지고 있는 빈틈을 학부모님들께서 채워주시고 아이들이 채워준다면 한 해의 마지막에 이르러서는 우리가 함께 행복한 교실을 꾸릴 수 있을 거라고 말입니다. 우리 수호도 많이 배웠지만, 저 또한 많이 배운 한 해였습니다. 수호에 대해서 저도 깊게 생각하고 이해하려고 노력한 한 해였습니다. 정말 감사합니다.

{ 아이들의 손편지 }

멋진 고상훈 선생님처럼 좋은 선생님은 없는 것 같아요. ㅎㅎ 그동안 좋은 모습 많이 못 보여 드린 것 같아서 죄송해요. ㅜㅜ 또, 저희를 위해 항상 애 써

주셔서 감사해요. 저는 죽을 때까지 5학년 6반을 잊지 못할 것 같아요. 선생님 언제나 고맙습니다. 감사합니다.

* * *

선생님의 수업이 정말 재미있어요. 우리 학급 관리를 우리에게 믿고 맡겨 주셔서 더 즐거운 학급 생활을 할 수 있는 것 같아요. 앞으로도 재미있는 수업을 해주셨으면 좋겠어요. 저희를 위해 헌신해주셔서 감사해요!! ^_^

* * *

선생님, 선생님 어깨가 들쑥 올라가도록 자랑스러운 제자가 될게요. 이 약속 못 지켜드릴 수도 있지만 최선을 다해 노력할게요. 꼭이요! 은혜 정말 감사드립니다. 그리고 사랑합니다. 조금 부끄러운 것 같기도 하네요. ^_^ 그래도 저는 선생님을 사랑합니다. 그리고 고맙습니다.

* * *

저는 이제까지 5학년 쌤하고 친구들이 제일 좋았어요. 하루하루가 엄청 빨리 지나가요. 그래서 친구들과 쌤이랑 헤어지기 싫어요. 이대로 시간이 멈춰졌으면 좋겠어요. 저는 애들보다 뒤늦게야 선생님이 군대 가시는 걸 알았어요. 충격받았어요. 이유는 이제 선생님과 함께하는 날은 얼마 남지 않았다는 것이에요. 그래도 선생님이랑 남은 시간은 잘 보낼 수 있다고 생각했어요. 감사합니다. 그리고… 사랑해요.

* * *

제가 선생님을 처음부터 어색하고 부끄러워하던 솔직한 이유는 선생님이 저의 첫 번째 남자 선생님이었거든요… 다른 친구들도 그럴 수 있지만 저는 조금 특별했던 것 같아요… 그래서 걱정거리 쓰는 설문지에도 제가 걱정 1위를 선생님에 대한 부담이라고 썼던 것 같아요… 그런데 1년을 지내고 나니 좋아진 것 같아요. 괜한 걱정을 했던 것 같아요. 이해도 잘 해주시고 재밌으시고. 이젠 선생님이랑 대화하는 시간이 제일 좋아요. 선생님 이제 군대 가시는데 다치지 말고 건강하게 잘 갔다 오세요. 제가 기도해드릴게요. (비나이다 비나이다 우리 선생님 다치지 않게 해주소서) 언제나 건강하세요!!! 사… 사… 사랑해요!

* * *

선생님을 5학년 때 만나고 꿈이 바뀌었어요. 저도 선생님을 꿈꾸고 있습니다. 저의 꿈을 키워주신 선생님처럼 선생님이 되고 싶습니다. 저의 꿈을 만들어주신 선생님께 정말 감사드립니다.

* * *

선생님이라는 말이 가장 잘 어울리는 선생님! 저의 초등학교 마지막 1년을 함께 해주셔서 정말 감사드립니다. 속 썩인 일도 많고 행복했던 일도 많았네요. 저번에 반 친구들이랑 이야기하면서 6학년 3반이어서 행복했다는 이야기를 많이 했어요. 이렇게 편지를 직접 쓰니 눈물이 나네요. 연락할게요. 만나주세요! 알겠죠? 중학생 되어서도 고등학생이 되어서도 선생님과 친구들과 함께 지냈던 2018년을 절대 잊지 않겠습니다. 감사합니다. 감사합니다. 감사합니다. 정말 감사합니다.

선생님 하길 참 잘했다는 생각이 들 때가 있다. 고사리 손으로 적은 고사리 편지를 쭈뼛쭈뼛 나에게 내미는 아이들, 문자메시지 시대에 굳이 편지를 정성들여 보내주시는 학부모들. 그 편지를 읽고 있노라면, 절로 엄마아빠할머니할아버지미소가 지어진다. 그 편지에서 내가 선생님이라서 행복하다는 메시지를 오롯이 전해 받을 수 있기 때문이다. 가끔 힘든 시기를 겪고 있을 때, 선생님으로서 자존감이 많이 떨어지고 있을 때, 보관해둔 편지를 읽고 나면 불쑥 힘이 솟곤 한다. 나, 선생님 하길 참 잘했다.

보관해둔 편지를 읽고 나면
불쑥 힘이 솟곤 한다.
나, 선생님 하길 참 잘했다.

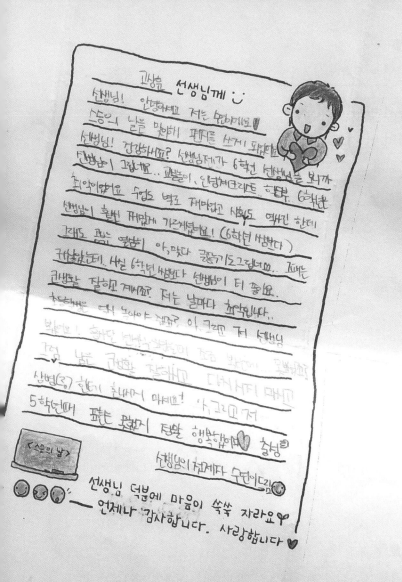

단순한 편지가 아니라
나의 기억, 추억, 그리움, 행복.

다시 만난 아이들,
기억 안 나도 괜찮아

"선생님 저 재은인데요. 시험 끝나고 한 7, 8월쯤에 애들끼리 선생님 뵈러 가려고 하는데 혹시 시간 언제 가능하세요?"

"그래그래, 언제 얼굴 보면 좋겠다. 지금 나는 서귀포에서 근무하는 중이라서 내가 너희들 시간에 맞추는 게 나을 것 같아. 여기까지 찾아오긴 아무래도 어렵고! 주말도 좋으니 날짜 몇 개 말해주면 맞춰볼게!"

"아아, 네네! 애들 시험 끝나면 시간 봐보고 알려드릴게요!"

"고마워~!"

불쑥 재은이가 메시지를 보냈다. 아니, 처음엔 재은이가 맞는지 의심스러웠다. 이렇게 예의 바르게 연락을 하던 재은이가 아니었는데 말이다. 마냥 어리게만 보였던 애들이 중학생이 되긴

되었나 보다. 어쩌면 시간이 지난 만큼 자연스럽게 마음거리가 멀어진 것인지도 모르겠다. 졸업을 시킨 뒤 딱 반년 정도가 흐른 때였다.

졸업한 학교에서 다시 만나기로 한 날, 약속 시간보다 일찍 온 나는 차에서 약속 시간이 되길 기다렸다. 괜히 아이들이랑 어색할 것 같아서 말이다. 이제야 도착한 척 유유히 걸어가는데 멀리서부터 아이들의 낭랑한 목소리가 들렸다. 웃음이 났다. 예전 추억도 생각나고, 보고 싶은 마음도 있고, 얼마나 변했을까 궁금한 마음도 있었다.

"야, 쌤 아니야?"

"야, 야! 쌤이다, 쌤!"

그래, 쌤이다! 학교 정문 앞에 여섯 명의 아이들이 옹기종기 모여 있었다. 그새 키가 훌쩍 커버려서 이젠 내 키와도 비슷해진 남자 녀석들, 입술은 빨갛고 얼굴은 허옇게 화장을 잔뜩 하고 나타난 여자 녀석들. 모습은 영락없는 중학생들인데 아직도 내 눈엔 초딩들처럼 보였다. 일단, 밥 먹으러 가자!

"다들 잘 지냈냐?"

"예, 뭐…."

"대답이 시원찮은 것 같은데?"

"중학교 생활 쉽지 않던데요."

"어때, 초등학교 때가 좋았지? 크크."

중학교 시험, 교복, 선배들, 선생님들, 자유학기제 등등 이야기로 한참 시간을 보냈다. 그새 여자친구, 남자친구를 사귄 녀석들도 있어서 서로 놀려대다 보니 시간 가는 줄을 몰랐다. 실은 이렇게 아이들을 교실 밖에서 만나려고 약속을 잡아본 게 처음이라 걱정이 많았다(원래, 신규교사에게 처음은 곧 걱정이다.).

"선생님, 혹시… 졸업한 애들 따로 만나보신 적 있어요?"

"그럼~ 만나본 적 있지."

"그럼… 혹시 만나면 뭐… 해요? 무슨… 얘기를 해요?"

"크크… 별 게 다 걱정이다 너는. 그냥 뭐 중학교 이야기하고 밥 먹고 그러는 거지. 친구들 만나는 거랑 크게 다르지 않아. 사실 할 얘기가 많지는 않지."

"자연스럽게 얘기 잘 할 수 있겠죠?"

막상 만나고 나니, 이런저런 할 이야기들이 꽤 많았다. 얼마 전에 결혼한 내 소식도 아이들에게는 큰 이슈라, 결혼식은 어땠는지 결혼 생활은 어떤지 물어보는 통에 청문회가 열리기도 했다. 참, 오늘 아이들을 만나면 꼭 묻고 싶은 게 있었다.

"너희들 6학년 때 뭐 생각나?"

"6학년 때 생각 잘 안 나요!"

역시, 나만 애틋한 모양이다. 어느 정도 예상은 하긴 했는데,

역시다.

"너희들 내 이름은 기억나는 거지?"

"아~ 당연하죠, 쌤. 그냥 기억나는 건 없는데 되게 좋았던 것 같아요."

"맞아, 매일 쌤이랑 교실놀이 하면서 놀았던 것 같아."

"쌤이 편지 써 줬던 거 생각나요. 쌤, 글씨가 참 예쁘단 말이지."

"되게 좋았어, 맞아."

세세한 기억들은 없지만, 그래도 좋은 기억으로 남아 있는 모양이다. 사실 기억이라는 게 그렇다. 아무리 강렬했던 기억이더라도 자꾸 꺼내지 않으면 시간이 지나면서 세세한 기억들은 사라지고 나중엔 어렴풋한 감정만 남으니까 말이다. 세세하게 기억하진 못하지만 그 어렴풋한 우리가 함께했던 1년간의 감정이 좋은 감정으로 남아 있는 것 같아서, 좋다.

나도 그렇다. 이렇다 할 기억은 없지만, 어렴풋이 아주 좋은 애틋한 감정으로 남아 있는 나의 4학년 때의 담임선생님에 대한 기억이 그렇다. 얼마 전 우연히 선생님을 다시 만났을 때, 선생님의 손을 잡으며 나는 그만 울음을 터뜨릴 뻔했다. 나도 모른다. 정확히 무슨 일이 있었는지, 왜 나는 선생님을 그리워하고 사랑하는지 말이다. 그냥 좋다.

"난 너희들 아직까지 진짜 생생하게 기억해. 진짜로. 내 첫 졸업 제자들이니까. 나도 너희들이 항상 고맙고 좋은 기억으로 남아 있어."

우리들의 만남은 코인노래방, 놀이공원, 빙수카페까지 가서야 끝이 났다. 언제든 밥 먹고 싶으면 연락하라는 말을 던져놓고 우리는 그렇게 다음을 기약하며 헤어졌다.

내 새로운 교실에서 아이들이 선물로 건네준 향초에 불을 켰다. 불이 붙은 향초를 가만히 바라보는데, 작년에 내가 수업이 끝나고 나면 향초를 자주 켰던 걸 기억해주고 향초를 선물해준 아이들이 너무 귀여웠다. 그리고 아이들에게 좋은 선생님으로 기억되고 있는 것 같아서 참 행복한 날이었다. 내가 선생님이라서 참 행복했다.

지금의 나는 오히려
신규교사였던 순간을
동경할 때가 있다.

"신규교사로서 생존했다고 생각하시나요?"

누군가 나에게 이렇게 물어온다면, 나는 뭐라고 답할 수 있을까? 그래도 '신규교사 생존기'를 썼다는 사람인데, 당당하게 '그럼요!'라고 답해야 할 것 같기도 하다. 솔직히 말하자면, 나는 생존했다. 자신이 무얼 모르는지도 모르는, 온갖 힘을 온갖 곳에 다쏟아내고 풀썩 쓰러져 버리던 신규교사는 이젠 없다. 무얼 모르는지 정도는 알고 있고 가끔은 요령도 피울 줄 아는 나름의 노하우도 생긴, 어쩌면 이제는 기성교사라는 호칭이 어울릴 교사가그 자리를 대신하고 있다. 나는 나름대로 생존했다.

'신규교사 생존기'를 다시 쓰기로 결심하고 오마이뉴스에 연재했던 첫 담임선생님으로서 1년간의 기록을 다시 읽으면서 아이러니하게도 나는 내가 '신규교사 생존기'를 쓰기엔 이미 결격인 교사라는 생각이 들었다. 지금의 나는 1, 2년 경력의 나처럼바보 같은 실수도 하지 않고 교실에 울리는 전화 벨소리를 두 번삼키고 받지도 않는다. 때에 따라서 에너지를 나눠 쓸 줄도 알고,또 당장의 생각과 고민에 철학이 흔들리거나 주변에서 해주는조언에 내 교육적 기준이 쉽게 바뀌지도 않는다. 그렇게 나는 신규교사의 모습을 벗고 교사로서 중심을 잡아가고 있는 중이다.

그렇다면 나는 더 나은 교사가 된 걸까? 이것도 솔직하게 털어놓자면, 마냥 그렇지만은 않다. 신규교사였던 내가 얼른 신규교사의 티를 벗어내고 싶었듯 지금의 나는 오히려 반대로 신규교사였던 순간을 동경할 때가 있다. 아마도 대책 없이 열정적으로 도전하고 참담하게 실패하던 교사로서의 용기와 패기가 그립기 때문일 것이다. 경력이 한 층씩 쌓여가며 만들어지는 안정성과 효율성, 일관성이라는 기분 좋은 무게감이 있지만, 도전의식과 호기심, 유연함은 경력이 쌓여갈수록 흐려지는 느낌이다. 이런 생각은 아마도 나만의 특별한 생각이 아니라 지금 이 순간에도 아이들 앞에 서 있는 모든 교사들이 공감하고 있는 지점이리라 생각한다.

이 지점에서 '신규교사 생존기'는 나에게 정말 큰 의미가 있는 글이다. '신규교사 생존기'는 나와 아이들의 삶 그 자체이자, 치열했던 나의 신규교사로서의 이야기이며, 아름다운 내 청춘을 쓴 글이기 때문이다. 글로 담아낸 나의 이야기를 다시 읽으며 고맙게도 나는 나의 처음을 뜨겁게 기억하고 되뇔 수 있을 것이다. '신규교사 생존기' 이야기의 첫머리에서 교사를 꿈꾸고 있는 이들과 신규교사, 선배교사들 그리고 나아가 교사 밖 독자들에게까지 메시지를 전하고 싶다는 장대한 말을 남겼지만 결국 '신규교사 생존기'는 누구보다 나 자신에게 가장 큰 메시지를 전하고 있는 책이라는 것을 잘 알고 있다. 시간이 흘러, 내가 10년차, 20년차 선생님이 되었을 때, 이 특별한 책에 남은 글들이 내게 때로는 채찍이 되고 때로는 행복이 될 테니까 말이다.

신규교사 생존기, 끝.

신규교사 생존기

2019년 11월 20일 초판 1쇄 발행

지은이   고상훈
펴낸이   김영훈
편집   김지희
디자인   부건영, 나무늘보
펴낸곳   한그루
        출판등록 제6510000251002008000003호
        제주특별자치도 제주시 복지로1길 21
        전화 064-723-7580   전송 064-753-7580
        전자우편 onetreebook@daum.net 누리방 onetreebook.com

ISBN 978-89-94474-95-3 03810

이 도서의 문화국립중앙도서관 출판예정도서목록(CIP)은 서지정보유통지원시스템 홈페이지(http://seoji.nl.go.kr)와
국가자료공동목록시스템(http://www.nl.go.kr/kolisnet)에서 이용하실 수 있습니다.(CIP제어번호: CIP2019045161)

값 13,500원